JN059366

LET'S ENJOY COMPUTING [2024]

―情報処理・データサイエンス演習―

静岡大学　情報教育プロジェクト編

学術図書出版社

i

巻 頭 言

　コンピュータとインターネットに代表される情報通信技術（Information and Communication Technology, ICT）は，社会や産業をはじめとする日常生活に広く浸透しています．当初は，自動化できる部分を機械化（自動化）するという使われ方が主でしたが，コンピュータやプログラム技術進化に伴い，人間の脳の活動を模擬しようとする人工知能（AI）の開発やその応用にまで ICT は広がってきています．

　さらに，コンピュータ間を結びつけるインターネット技術が発達し，我々はその恩恵を享受しています．それは，生産活動のみならず商業活動や人々の働く形態そして日常的なコミュニケーションにまで大きな影響を及ぼしており，今やインターネットは社会資本（インフラ）の一つとなっています．また，近年コンピュータ間だけでなく，自動車や家電，産業機械なども インターネットにより連携するというアイデア（Internet of Things, IoT）も出てきて普及しつつあります．その一方で，コンピュータウイルスによる，インターネットを不正に利用した犯罪，ソーシャルネットワーキングサービス（SNS）の悪用によるプライバシー侵害や犯罪の助長など，情報技術の発達による負の側面も大きくなっています．

　これからの社会を担うべき大学生は，膨大な情報と進化し続ける情報通信技術を礎とした情報社会で活躍することが期待されています．そのような状況のもと，静岡大学では 2020 年度より従来の「情報処理」を「情報処理・データサイエンス演習」と名称を改め，全学部での必修科目に位置づけることとしました．ここで，「データサイエンス」という名称を新たに加えたのは，現代社会では多様で膨大なデータの利活用を通して，社会課題を解決したり，新しい価値を創出する人材が求められていることに対応するためです．

　本テキストは，大学における教養科目の情報処理教育のために書かれたもので，一人 1 台の パーソナルコンピュータを用いて，演習的に学習することを前提としています．2023 年 10 月に静岡大学の情報基盤センターのパソコンが 10 年ぶりに更新され OS が Windows11 に置き換わったのに合わせ，大幅な改定が行われました．扱っている内容は従来と同様で，情報社会における倫理，E-mail，インターネット，ワードプロセッサ，表計算・データ処理，プレゼンテーションソフトウエア，プログラミングとなっており，種々のソフトウエアの利用方法のエッセンスを短時間で学習できるように書かれています．プログラミングでは高校で必修化された「情報 I」でも多く取り上げられている Python を新たにとりあげました．

　このテキストの執筆と改訂は，令和 5 年度静岡大学大学教育センター情報科目部運営委員会 委員が担当しました．

著者を代表して記す　関根　理香

も く じ

第3章　インターネット入門 42

第4章　Word による文書作成入門 66

第 5 章　Excel を使おう 104

第7章　プログラミング入門 161

第1章　はじめに（情報社会と情報倫理）

1.1　はじめに

1.1.1　情報処理入門の意義

　「現代の社会は情報社会である」とよく言われます．急速に進展する情報通信技術は，わたしたちの生活スタイルや社会のさまざまなしくみを変えつつあります．わたしたちの日常の活動においても，情報の交換や処理は重要な位置をしめており，その割合は急速に高まっています．

　従来，人が生きていく上で最低限度習得しておくべき能力を示すために，「読み，書き，算盤」という言葉が使われてきました．近年，コンピュータ（パソコン）はずいぶん簡単に扱えるようになり，もはやコンピュータが使えるということは特別な技能ではなく，現代人にとっての「読み，書き，算盤」にあたる能力（リテラシー）の一つになってきました．

　では，大学生活あるいはその後に人生において，コンピュータはどのように有効なツール（道具）なのでしょうか？　コンピュータは知的生産活動のほとんどの領域において支援してくれます．たとえば，あるテーマについて調べ，レポートを作成する手順を考えて見ましょう．まず，そのテーマに関する資料はどうしたら手にはいるでしょうか？　パソコンが使えれば，インターネット上の検索サイトなどを利用して必要なデータを探し出したり，図書館の蔵書を探したり，電子ジャーナルの論文を読んだりすることができます．必要があれば，電子メールや掲示板を利用して世界中の人々から知恵を借りることもできます．次に，実際にレポートを書くときには，すぐれた文書作成支援能力をもったワードプロセッサ（以下，ワープロ）ソフトを使えば，アウトラインの検討から修正・加筆までを簡単に行うことができます．また，データの処理に表計算ソフトや統計解析ソフトを使えば，複雑な計算もあっというまです．作成したグラフや画像のとりこみなど，視覚効果の高いレポートも簡単に作成できます．完成したレポートを，メールを使って提出することもあります．今や，コンピュータは単なる計算道具ではなく，知的活動支援ツールなのです．さらに，卒業後の生活においても基本的な情報技術能力の形成は必須のことといえます．

　皆さんの多くは高校で情報という教科を履修しています．しかし皆さんがこれまでに受けた情報教育だけでは，現代の情報社会が要求する情報技術能力の形成には明らかに応えきれていません．また，大学における勉学に必要なスキルを十分に身につけているとも言えません．し

たがって，大学の教養教育において，情報処理教育は重要なものとして位置づけられるでしょう．

1.1.2　大学の情報教育実習室とコンピュータシステム

　現在の多くの大学では，情報教育実習室が充実してきています．講義時間外でも，多くの学生が情報教育実習室を利用できます．

　大学のように多数の利用者が共通のコンピュータ室を利用する場合，各コンピュータに個人の電子メール（以下，メール）文書やワープロ文書を保存するわけにはいきません．同じコンピュータを多くの人が使うので，他人にメール文書を読まれてしまうかもしれません．また，いつも同じコンピュータを利用するわけではないので，必要なファイルが別のコンピュータに保存されていると困ります．そのために，LAN（Local Area Network）を組み，利用者のファイルを保存するためのファイルサーバを設置しています．

　銀行を利用するのに口座が必要なように，ファイルサーバを利用するためにはアカウントと呼ばれる使用権が必要になります．口座ごとに預貯金が管理されるように，ファイルサーバではアカウントごとにファイルが管理されていて，他人からは見られないようになっています．学生の皆さんには入学時にアカウントが発行されます．ATM（Automatic Teller Machine）を使って銀行や郵便局の口座にお金を出し入れするときには，カードと暗証番号が必要です．これと同じように，端末コンピュータを利用するときには，＜ユーザ名＞と＜パスワード＞の入力が要求されます．認証サーバが端末コンピュータからサーバへのログオン（接続）や利用者のファイルなどの管理を一括して行っています．このようなしくみによって，どの端末コンピュータからでも自分のファイルが利用できます．

　各実習室にはプリンタ（プリペイド方式）が 2 台しかありませんが，プリントサーバを利用してどの端末コンピュータからもプリンタを使用できるようになっています．インターネットへも接続でき，各種 Web ページを閲覧できます．また，メールサーバを通じて，メールの送受信ができます．

1.1.3　コンピュータ実習室を利用する際の心得

1. コンピュータにダメージを与えるため，実習室内での飲食・喫煙は厳禁です．
2. 印刷した紙などのゴミ類は各自で持ち帰って下さい．特に，個人情報をそのまま放置すると，悪用される危険があります．
3. 自分のアカウントを他人に使用させないで下さい．これは利用規則に違反しますし，悪用された場合にもあなたの責任となります．
4. 実習室への忘れ物が多いです．USB メモリをさしたままではありませんか．退出前に忘れ物がないか確認してください．
5. 実習室内のパソコンの各種設定は，教員の指示なく勝手に変更しないでください．

6. コンピュータは振動，衝撃が苦手です．壊れないよう使用中，機器を揺すったり，体がぶつかったりしないように気をつけてください．

7. 健康のために，連続して作業をしないように気をつけてください．とくに，2時間以上の連続作業は目に悪い影響を及ぼすことがあります．

1.2 情報化が社会に及ぼす影響

コンピュータや情報通信ネットワークの発達によって私たちの社会は"情報化"し，生活や仕事の仕方も変化してきました．当然ですが，情報化の影響にはよい面も悪い面もあります．ここではまず，情報化によるプラスとマイナスの影響について調べ，これから私たちは情報社会をどのように築いていったらよいのかを考えていくことにしましょう．

1.2.1 コンピュータの歴史

図 1-1　ENIAC

電子工学の技術を利用した汎用のコンピュータの開発は，1945年にペンシルバニア大学でJ. P. Eckert らによって作られた ENIAC（Electronic Numerical Integrator and Computer）が最初です．真空管 18,800 本を使用して 10 進 10 桁の加算を 200 マイクロ秒[1] で計算しました．ただし，データはパンチ・カードから読み込まれ，計算の手順は各演算器を配線することにより決められました．そのため，変更は容易でなく，2〜3日が費やされました．1946年にJ. von Neumann によってプログラム記憶方式や 2 進法演算方式が提案されました．これは，計算をする部分（CPU）とプログラムやデータを蓄えておく部分（主記憶）とを分離して，CPU が主記憶にあるプログラムを逐次読み出して実行する方式です．この方式が現在のコンピュータの

---

[1] 1マイクロ秒は 10^{-6} 秒

主流であり，ノイマン型コンピュータと呼ばれています．

さて，コンピュータはいくつかの世代に分かれていますが，これは使用している素子によって区別されています．第 1 世代（1945 年～1954 年）は真空管，第 2 世代（1955 年から 1963 年）はトランジスタ，第 3 世代（1964 年～1980 年）は IC（集積回路）や LSI（大規模集積回路），第 4 世代（1981 年～）は VLSI や ULSI（超大規模集積回路）です．加減算の計算の速さは，第 1 世代では 50～500 マイクロ秒，第 2 世代では 10 マイクロ秒以下，第 3 世代では 1 マイクロ秒以下，第 4 世代では 100 ナノ秒[2] 以下となります．主記憶の大きさも，第 1 世代では 1000 語[3] 程度，第 2 世代で 10K 語（1 万語）程度，第 3 世代では 100K～10M 語程度，第 4 世代では 1G 語程度までになっています．現在では，主記憶の大きさはバイト単位で表す方が多くなっています．このように計算は高速に，また主記憶の容量は大きくなってきています．

なお，主記憶を大きくしても，コンピュータが読み書きしている場所はある時間では特定の箇所に限られるので，主記憶より少量で高速な「キャッシュ」と呼ばれる記憶を用意して，見かけ上高速に主記憶を読み書きするような仕掛けも取り入れられています．現在では，キャッシュも一次キャッシュ，二次キャッシュ，三次キャッシュというように階層化が進んでいます．キャッシュの大きさによって同じプロセッサを使用していても計算速度が異なり，一般的にはキャッシュを大きくすると計算速度が速くなります．また，CPU 内に 1 つの演算処理回路（コア）だけではなく，2 つ（デュアルコア）や 4 つ（クアッドコア），あるいはそれ以上のコアが搭載されたものが主流となっています．

1.2.2　コンピュータの活躍

コンピュータの黎明期では，コンピュータは高速に計算する道具として捉えられていました．コンピュータで行う計算は数値計算と呼ばれ，微分方程式，積分方程式などを数値化して解くことが行われました．ところで，コンピュータの歴史は戦争とは切り離すことはできません．初期に期待されたコンピュータの用途は，砲弾の弾道計算や核兵器の開発などでした．科学技術計算分野以外で最初に汎用として考えられたのは，銀行の帳簿管理でした．今では ATM（現金自動預入支払機）により，預貯金から支払い，振込みなど，銀行の大半の業務を担うようになりました．

しかしながら，直接に数値計算するだけがコンピュータの仕事ではありません．計算することによって目標物を制御する数値制御の考え方が取り入れられ，ロケットの軌道計算や旋盤による物の加工などが行われるようになりました．飛行機なども離陸，着陸動作以外は自動運転に置き換えられるようになりましたが，この制御はコンピュータが担当しています．自動車についても，自動運転の研究開発が盛んに行われています．

---

[2] 1 ナノ秒は 10^{-9} 秒

[3] 「語」はコンピュータの記憶における単位で，コンピュータによって 1 語の長さは異なっています．

　最近では，どこにコンピュータが入っているかというより，どこにでもコンピュータが使用されているといった方が間違いありません．たとえば，スマートフォンには非常に高速なマイクロコンピュータと呼ばれるコンピュータが入っています．家に帰ってエアコンをかけるにも，テレビをつけるにもリモコンで操作しますが，これらのリモコンにもマイクロコンピュータが入っています．押したボタンに対応する信号が赤外線などで機器に送られ，それによって電源を入れたり切ったりできたり，好きなチャンネルが選択できたりします．

　他にも，生産現場では受注だけでなく，何をいつどれだけ生産するかを管理することや，できあがった製品の出荷，在庫の管理といったことまでをコンピュータが仕事しています．コンビニエンスストアやレストランでは，POS（point of sales，売場方式）システムにより，どのような年齢の人が，どのような曜日，または季節に何を買っていくか，食べていくかを入力されます．これにより，当日の製品を管理するとともに，これからどのように商売を行うのかの戦略にも用いられています．旅行でも，宿泊，電車，飛行機の予約ではコンピュータが使用されています．大学でも学生証が IC カードになり，これを用いることで成績表や在学証明書の出力などが容易にできるようになっていますが，ここでもコンピュータが使用されています．

　このように，コンピュータは今やどこにでもあり，私達の生活に不可欠となっている一方で，コンピュータを安心・安全に使うためには，便利さとリスクを考えて使用しないといけません．例えば，コンピュータがユーザ（利用者）を制限する場合，誰を受付けるかは，現在では IC カードを持っている人や暗証番号（パスワード）を知っている人などでチェックしています．ただし，これだけでは本人確認が不十分であるために，悪意のある者による犯罪に巻き込まれる可能性があります．この解決のため，近年では指紋や手の静脈，目の虹彩，顔画像，音声など生体情報を利用した認証が導入されています．このような認証は生体認証（バイオメトリック認証）などと呼ばれています．

1.2.3　産業と仕事の変化

　コンピュータの進展と社会の情報化によって，放送，通信分野，印刷・出版，卸小売業など幅広い分野で大きな変革が起こりました．また，異業種間の再編による新たな産業が生まれました．電子商取引など，時間や距離にかかわらず，多くの消費者を相手にした新しいビジネスができるようになり，価格，双方向サービス，利用のしやすさなどの点で，これまでの店舗販売とは異なった新しい形の魅力が打ち出されています．また，コンテンツビジネスと呼ばれる情報そのものを売買する産業や，情報検索サービスや機械翻訳サービスなど生活に利便さを与える情報サービスを販売する産業も生まれてきました．

　さらに，情報化は企業組織の構造や仕事の形態にも大きな変化を生み出しています．電子メールやビデオ会議によるコミュニケーションの電子化，電子決済，ペーパーレスに対応したビジネス文書の電子化，通信ネットワークを使った在宅勤務などの導入が増えています．

　一方，電子商取引の進展は，商品の購入など消費生活を便利なものにしましたが，商取引の

ルールを知らないままに個人間で安易に取引を行い，代金を払ったにも関わらず品物が送られてこないなどのトラブルが発生することも多くなっています．通信販売では，連絡先や注文の品名，数量，金額などを確認するためのルールが定められており，販売側も購入側も信頼できる取引を心掛けなければなりません．

1.2.4　情報社会における生活の変化

　情報化は私たちの日常にも影響を与えています．テレビはデジタル化し，チャンネル数はとても多くなってきました．すべてを視聴することは，時間的にも内容的にももはや不可能です．

　携帯電話が普及し，例えば待ち合わせの仕方にも変化が生じています．およその時刻と場所を決めておけば，あとは携帯電話があれば何とか会えるようになったからです．従来，電話でのコミュニケーションでは，まず名前を名乗るのが礼儀とされていましたが，携帯電話ではそもそも発信者が画面上に表示されるため，これも礼儀ではなくなっています．相手が携帯電話で受信するとわかっている場合，「今，どこ？」という会話の始まり方も多く見られますが，これも旧来の電話では考えられなかったことです．

　情報社会では，コンピュータや情報通信ネットワークを駆使して情報を取得したり発信したりできる人とそうでない人とでは，得られる情報や発言の機会に格差が生じます．すべての人に情報を上手に扱う能力が求められているといえるでしょう．

　平等な人権を保障するためには，このような情報化に追いつけない人々への配慮が必要です．誰にでも使いやすい情報機器の開発などの技術的な対応や，新しい生活や仕事に適応できる知識や技術を学習する機会の提供などの社会的対応によって，格差を埋めるための幅広い支援を社会全体で心がけなければなりません．

1.2.5　現実と仮想の混同

　情報通信ネットワークは，ネットワーク上での仮想的な社会という新たなコミュニティで新しい人間関係を形成する手段ともなります．しかし，仮想的な社会で過ごすことに依存しすぎることは，現実社会のルールや人間関係に対する関心をうすれさせる可能性があります．また，現実をシミュレートする仮想現実（バーチャル・リアリティー）の技術がビデオゲームなどさまざまな分野で応用されていますが，仮想と現実を混同する危険性があることに留意しておかなければなりません．たとえ頭では仮想だとわかっていたとしても，ネットワーク社会は現実社会との関係を希薄化させるほど強い影響力をもつ可能性があることも認識しなければなりません．

　特に，これまでの管理された生活に比べ，大学生となって自由時間が増えたことによる解放感から，ネットワーク中毒と言われるような状況に陥る例が見られることには注意しなければなりません．友人関係の構築や講義の受講，単位の取得など，それなりにたいへんな現実世界から逃避し，簡単に情報が手に入るインターネットの世界に埋没しがちになることは，単なる

現実回避に過ぎず，現実の問題の解決にはならないことに理性を働かせるべきです．

1.2.6　テクノストレス

　長時間のコンピュータ作業は，肩こりや視力の低下などの VDT (Visual Display Terminal) 障害や，イライラ，不安感，めまいなどの精神面でのテクノストレスをひき起こすことがあります．VDT 作業に関する正しい知識をもち，照明や机・椅子の高さの調整などをして適切な作業環境を整え，正しい姿勢や適度な休憩などの習慣をもつことで，これらの健康上の影響を防ぐことが大切です．

　このように，情報社会になったために私たちの生活や仕事には，さまざまな新たな課題が起こっています．情報社会に就職していく大学生として，きちんとした知識や態度を身につけることが重要です．

1.3　情報の受け手としての責任

　インターネットで情報を収集し，利用するときには，情報をただ受け取るのではなく，自分でその情報について考え，受け入れるかどうかの判断をしなければなりません．また，情報を利用する際に，他人の権利を侵さないように気をつけなければなりません．

1.3.1　誤解のない正しい理解

　私たちの日常生活では，言葉のほかに，身振りや表情，声の抑揚などを交えて会話しています．電子メールのような文字だけのコミュニケーションでは，言葉以外で伝えられる微妙なニュアンスの情報が欠落するので，気持ちや内容の細かい部分を正しく伝えられないことがあります．情報を受け取るときには，相手が伝えたいことと自分が解釈した内容とが，大きく異なっていないかを注意しなければなりません．これはコミュニケーションの基本です．電子的なコミュニケーションであっても，普段からの人間的なつきあいが反映するものですから，日頃からコミュニケーションに気を配ることが大切です．

1.3.2　確からしさの確認

　インターネットでは，さまざまな組織や個人が情報発信をしており，発信された情報には，正確で信頼できる質のよい情報もあれば，誤解や悪意に基づいた質の悪い情報もあります．情報を入手したときには，情報を発信した側にはどのような意図や目的があるのかを考え，その内容が正しいかどうかの確認が必要です．情報の内容が信頼できるものであることの確認は，情報の受け手自身の責任です．

1.3.3　知的所有権への配慮

　入手した情報の使用にあたっては，知的所有権を尊重しなければなりません．他人の著作物

を複製したり，ほかの人に転送したりする場合など，著作物を利用するには，著作権者の許諾を得る必要があります．

著作権法では，著作物を引用することが許されています．ただし，次のことを守らなければなりません．

- ・ 自分の著作物と引用する他人の著作物とを明確に識別できるようにする
- ・ 引用したものが，自分の著作物の主な内容にならないようにする
- ・ どの著作物を使ったかを特定するため，著作物の題名や著作者名などを表示する

1.4　情報の送り手としての責任

情報を発信する場合には，正確さや取り扱う内容にも責任を持たなければなりません．言語などの文化環境やコンピュータの種類などの技術環境など，受け取る相手の環境にも配慮し，適切な送信方法を選ぶ必要があります．

1.4.1　伝えるべき要素

発信する情報の信頼性について受け手が確認できるように，証拠や引用の箇所を明示したり，確かめ方を示したりするなどの配慮が必要です．

また，発信する情報には，事実関係の明示も必要です．いわゆる 5W1H などをはっきりさせることは，わかりやすい情報表現の基本です．

1.4.2　伝え方

情報発信においては，発信する内容のほかに伝達する方法も重要です．

まず，電子メールを使って情報を伝える場合を考えてみましょう．大量のデータを送付するには，送信側だけでなく，受信側のネットワークやコンピュータにも負担がかかるため，事前に相手に大量のデータを送信してよいかどうかを確かめたり，都合のよいときにダウンロードできるようにしたりするなどの配慮が必要です．またデータを圧縮することで，回線への負担の軽減にもなります．

Web ページで伝えるとしても，大きな画像などは別のページに用意し，必要のある閲覧者のみが表示できるように工夫すると親切です．同じ内容を伝えるのでも，表やグラフ，言葉など，伝え方についても相手にわかりやすいような配慮が必要で，誤解なく情報が伝わるようにすることが送り手の責任です．

1.5　情報社会と個人のモラル

モラルは，社会生活を送るうえで，他人とうまく共存していくための考え方と態度のことです．日常的なモラルの多くは，そのまま情報社会でも適用されますが，情報社会ではさらに特

別な配慮が必要な場合があります.

1.5.1　情報モラル

情報社会で適切な行動をするための基になる考え方と態度を情報モラルといいます.情報化は私たちの生活にさまざまなメリットをもたらしていますが,一方でコンピュータ犯罪やインターネットの悪用などによる被害,利用者の知識や経験の不足が原因によるトラブルなど,悪影響を与える部分もあります.

■人権の尊重

インターネットを利用したコミュニケーションでは,知的所有権やプライバシーなどの他人の権利を尊重し,これらを侵害してはいけません.また,お互いの育ってきた環境や文化の違いを認め合い,差別や誤解のないコミュニケーションを心がけることが重要です.また,インターネットを使ったやりとりでは,個人情報の軽率な公開や情報内容に関する誤解からトラブルが発生することがあります.

■目的や範囲に応じた使用

不正な目的で情報や情報手段を使用する例があります.また,目的が正当であっても,許可の取得や使用に当たっての説明に書かれている内容を守らず,不当な方法で情報を利用する場合もあります.

他人に迷惑をかけないためには,何が正当な目的・方法であるかを理解し,適切に判断して行動することが必要です.

■不特定多数に読まれることの自覚

Twitter, Instagram などの SNS（ソーシャル・ネットワーキング・サービス）で,日記や感想・主張などを公開する人も多くなりました.ここで注意したいのは,書いている本人は自分の知人に向けて書いているつもりでも,不特定多数の人が読んでいる可能性があるということです.仲間内の冗談のつもりで面白おかしい作り話を書いても,世間の人はそうとらない可能性があります.**本学においても,学生がこのような日記を公開し,大学へ問い合わせがきたこともあります.**誰が読むかわからないという前提で,誤解されると困るようなことは書かないようにしましょう.

1.5.2　情報システム利用者の責任

情報システムは私たちの能力を拡大するものであり,正しく用いれば恩恵となりますが,使い方を誤れば害悪ともなり得ます.情報システムを善い目的のために誤りなく有効に用いるよう,利用者ひとりひとりが気をつけなければなりません.

■コンピュータウイルス／ワーム

コンピュータウイルスとは,利用者が気づかないうちにコンピュータに侵入し,システムを停止させたり,コンピュータに記憶されたデータを破壊したりするプログラムのことです.万

が一，コンピュータウイルスに侵入されたら，ワクチンソフトによる駆除を行います．

　コンピュータウイルスは，近年，特に蔓延しています．その被害は，本人のコンピュータにとどまりません．ウイルスの種類によっては，電子メールソフトに登録されているメールアドレスに向けてさらにウイルスを配布するものもあります．自分のコンピュータでウイルス駆除を行ったり，Windows Update などを適切に施したりして自分のコンピュータの安全性を高めておくことは，ネットワークを利用する一市民として当然の責任であり，その責任を全うしていない場合には非難されても仕方がないということを理解しておきましょう．

■コンピュータ犯罪

　コンピュータへの不正アクセスやコンピュータウイルスの配布など，情報システムに危害を加える行為は法律で禁止されています．パスワードを漏洩するなどして，これらの犯罪に手を貸す行為もまた犯罪です．

　このほか，巧みに人をだまして機密情報を聞き出す行為もあり，情報と情報システムの管理については，利用者一人一人の注意が必要です．また，違法行為として，たとえば Winny や Share などのファイル共有ソフトを利用した著作権侵害のケースが見られ，本学でもネットワーク管理上の問題として浮上しています．

　静岡大学のネットワークは，そのセキュリティ強化のために，誰がどのサイトにアクセスしているか，学内のネットワークにどの程度の負荷をかけているかを逐一記録しています．不正な，あるいは悪質な利用が発見された場合には，アカウントの剥奪などネットワークの利用が制限されることがあります．

■アカウントとパスワード

　メールやファイルサーバのアカウントは，コンピュータのユーザ名とパスワードの組み合わせで守られています．この2つは利用者を認証するために用いられます．パスワードが他人に知られると，アカウントを盗用されたり，重要な個人情報を盗まれたりする危険があります．パスワードは本人であることを確認するために情報社会では特に重要なものであり，他人に知られないようにしなければなりません．また，単純なパスワードの場合や，同じパスワードを長期間使い続ける場合は見破られてしまう可能性が高いので，安全なパスワードを選び，適切に管理する必要があります．例えば，定期的なパスワードの変更が推奨されています．

1.5.3　私たちが学ぶべきこと

　私たちはコンピュータを前にすると，ついこのコンピュータの「機能」を知ろうとし，その機能を使えるようになれば安心します．

　しかし，むしろ大事なのは，どんなことができるのかという「機能」を，どのように自分なりに利用するかという知恵であり，コンピュータやインターネットが社会をどのように支えているかという知識であり，それらに裏打ちされた正確な判断です．単に機能を知っているだけでは，真に役立つ能力にはなり得ません．

　したがって，コンピュータを学ぶことと同時に，社会性を身につけ，社会常識を知ることがたいへん重要です．大学では，両方の学習が可能です．広い識見を持ったネットワーク社会の市民になることを期待します．

第2章　コンピュータを使ってみよう

2.1　コンピュータとは

　コンピュータは図 2-1 に示すように，コンピュータ本体と周辺装置によって構成されています．コンピュータ本体は，計算する部分である CPU（中央処理装置, Central Processing Unit）とプログラム（コンピュータ上で何らかの処理を行うための命令のかたまり）やデータを格納しておく主記憶（メインメモリ，単にメモリともいう）から構成されています．CPU は主記憶にあるプログラムから命令を読み込むことにより，所定の計算や作業を行います．CPU は基本となる演算の長さによって，4，8，16，32 または 64 ビット[1] マシンと呼ばれることがあります．

　主記憶は，プログラムの長さや扱うデータの大きさによって，必要な大きさが決まります．最近では，プログラムやデータのみならず，後述するオペレーティングシステムも主記憶に常駐させる部分が大きくなっています．パソコンでも，8G バイト[2] 程度が必要最低限な主記憶容量となっています．

　周辺装置には，補助記憶装置や入出力装置が含まれます．補助記憶装置はストレージとも呼

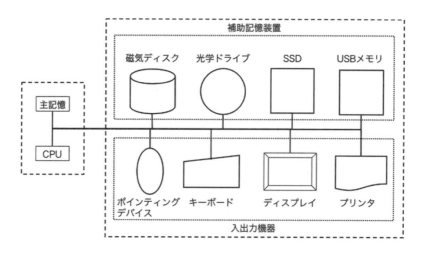

図 2-1　コンピュータの概略図

---

[1] 1 ビットは 0 と 1 だけからなる 2 進数の一桁を表します．
[2] 1G（ギガ）は 10 の 9 乗（10 億），1 バイトは 8 ビット

ばれ，主記憶だけでは格納できない多数のプログラムやデータを必要なときに主記憶に読み出し・書き込みに使用するための装置です．また，通常，後述するオペレーティングシステムも補助記憶装置に記憶されています．補助記憶装置には，磁気ディスク，SSD（Solid State Drive，フラッシュメモリドライブ），光学ドライブ（Blu-ray/DVD/CD ドライブ），USB メモリなどがあります．一般に，補助記憶装置は大容量ですが，主記憶に比べ，データを読んだり書いたりするのに時間がかかります．入出力装置にはネットワーク接続以外に，外部からの入力として，キーボード，マウスやタッチパッドおよびタッチパネルなどのポインティングデバイス，マイクロホンなどがあります．外部への出力としては，ディスプレイ，プリンタ，スピーカなどがあります．

補助記憶装置である磁気ディスクや SSD 等は，どのようなデータやソフトウェアを使うかによって記憶容量が決まります．最近では，パソコンでもオペレーティングシステムが 10G バイトと程度となり，またアプリケーションソフトや動画などのファイルの大容量化によりパソコンでも 500G バイトを越える補助記憶装置があたりまえになっていて，1T バイト[3] を超えるものもめずらしくありません．

コンピュータ本体と周辺装置は，実体のあるもので簡単に構成を変更できないという意味で「ハードウェア」と呼ばれます．また，プログラムなどは，ハードウェアに比べて簡単に変更できることから「ソフトウェア」と呼ばれて区別されています．

2.1.1　ソフトウェア

ソフトウェア（ソフトと略して呼ぶことがあります）は 2 つに大別されます．すなわち，基本ソフトウェアであるオペレーティングシステム（OS：Operating System　2.1.3 節で述べます）と，応用ソフトウェア（アプリケーションソフトウェア（Application software），アプリとも呼ばれます）です．アプリケーションソフトウェアは，基本ソフトウェア上で動作するようある目的をもって作られたものです．これらには，

① 文書作成ソフト

② 表計算ソフト

③ 画像作成ソフト

④ データベースソフト

⑤ 通信ソフト

⑥ プレゼンテーション用ソフト

⑦ ソフトウェア開発ソフト（C++, C#, Java, Python 等のプログラミング言語とエディタ）

⑧ web ページを閲覧するソフト

などがあります．

---

[3] 1T（テラ）は 10 の 12 乗（1 兆）

2.1.2　ファイル

コンピュータが扱う個々のデータやプログラムをファイルと呼びます。ファイルはコンピュータが管理する個々の情報の最小の単位です。ファイルは，一般に，【ファイル名＋「.」（ピリオド）＋拡張子】で名付けられます。拡張子は，txt, docx, xlsx, pptx, exe, com, jpg, dll, html 等のように3～4文字で表され，OS での役割やどのアプリケーションソフトウェアで作成した形式かわかるようにファイルの属性を表しています。また，最近の OS では，初期設定で拡張子が表示されないようになっていますが，設定を変更することによって拡張子が表示されるようになります。

記憶装置内でファイルは階層的に管理されています。たとえば，図 2-2 に示すように sample1.txt というファイルは，C ドライブの ccc というフォルダの中の ddd というフォルダに入っています。フォルダの中には，フォルダかファイルを入れることができます。つまり，木の枝が分かれていくような構造をしており，これを階層化構造といいます。フォルダが異なれば，同じファイル名を使って保存してもかまいません。フォルダごとにユーザが管理しやすいように名前を付けておくと，あとで探すときに手間が省けます。一般に，フォルダやファイルの場所はファイルパス（あるいは単にパス）で表すことができます。たとえば，図 2-2 の sample1.txt のパスは「C:¥ccc¥ddd¥sample1.txt」となります。パスを表記するときには，ドライブやフォルダ，ファイルの境目には「¥」や「/」を入れます。

Windows では，ファイルを管理するソフトとして「エクスプローラー」が標準で付属しており，マウス等を使ってソフトの起動，ファイルの作成，移動，消去などが視覚的に操作できるようになっています。このような操作体系を GUI（Graphical User Interface）といいます。

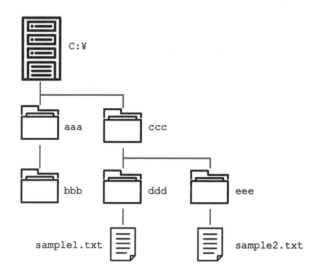

図2-2　ファイルの階層的構造の例

　ファイルの種類は，データ保存の形式によって2種類に大別されます．

　1つは「テキストファイル」と呼ばれるもので，文字や数字といったテキストデータだけからなるファイル形式です．テキストファイルは，コンピュータ上での文字表記の取り扱いルールである「文字コード」を適切に扱うことで，コンピュータの仕様に依存せず共通して扱うことができます．アプリケーションソフトでは，テキストファイルを扱えるものが多数あります．

　もう1つは「バイナリファイル」と呼ばれます．バイナリ（Binary）とは，0か1で表される2進数を意味しています．バイナリファイルでは同じ情報を格納するのにテキストファイルよりもファイルサイズが小さくてすみますが，アプリケーションソフトごとに独自の保存形式がある場合には，テキストファイルのように高い互換性はありません．また，実行可能なプログラムは一般にバイナリファイルで構成されています．

2.1.3　オペレーティングシステム（OS）

　コンピュータ内で処理される仕事の最小単位のことをタスクと呼びます．タスクの全てをユーザが把握するには，コンピュータのしくみを細部まで知る必要がありますが，コンピュータシステムが大きくなりすぎた現在では事実上不可能です．コンピュータを使用する場面での手順や入出力などは同様の作業が多く，また，それまで蓄積したデータなどを引き継いだり共同で管理したりすることもあります．そのため，操作を共通化しておくと使い勝手がよくなります．このような考えから，ユーザに開放する部分と開放しない部分，管理者にのみ付与される権限，また予期しないトラブルなどが生じた場合のコンピュータの止め方などをあらかじめ決めておく必要があります．

　一般には，コンピュータの基本動作を管理するシステムをオペレーティングシステム（OS: Operating System）といいます．コンピュータに基本的な機能を提供することから，「基本ソフト」と呼ばれることもあります．　パソコンの場合だと，Windows，macOS，Linux，UNIXなどと呼ばれるものがOSに該当します．スマートフォンのAndroidやiOSもOSです．

　コンピュータのスイッチを入れると，ROM（Read Only Memory，読み出し専用メモリ）などに書き込まれている最小限のプログラムが，ストレージにあるOSの部分を次々と主記憶に読み出すことによって，通用可能な状態になります．

　OSによって管理されているものには大別して次のようなものがあります．

  ①メモリ管理
  ②ファイル管理
  ③タスク管理
  ④セキュリティ管理

　メモリ管理では，主記憶にどんなプログラムやデータをどの場所に格納するかを決めます．ファイル管理では，ストレージのどの場所にプログラム，データなどを格納するかを決めるだけでなく，入出力機器へのデータの入出力についても管理しています．一般に，OSはユーザ

が直接に補助記憶装置や入出力機器へアクセスすることを禁止しています．タスク管理とは，コンピュータ側からみた仕事の管理のことです．コンピュータをネットワークに接続するのが一般となった現在では，セキュリティ管理も OS の大切な仕事となっています．

　入出力機器とやりとりする情報は，ファイル管理により特定の入出力ファイルとして書かれ，実際の機器とのやりとりはそのファイルを機器固有のドライバを通じて行います．これにより上位の管理では形式の共通化が行われ，個々に異なる部分はドライバの機能により吸収します．一般に，入出力装置を変更すると，専用のドライバを入れる必要があります．Windows11 では，「設定」アプリの「Bluetooth とデバイス」内の「デバイスの追加」で自動的に入出力の割り当て，およびドライバを選んでくれる機能があります．ただし，この機能でうまくいかない場合は，ユーザ自身がドライバなどを入手してコンピュータに登録する必要があります．

2.2　まずは，コンピュータを起動しよう

　1970 年代頃に登場したパソコン（PC）は，当初は技術的興味の対象や趣味の機械でしかありませんでした．その後，1980 年代になると文書作成や表計算，作画やゲームなどに使えるものへと発展しました．PC はまずデスクトップ型が誕生し，ノート型，ディスプレイ一体デスクトップ型，ゲーム機，インターネットの普及とともに携帯端末へと多様化，近年はあらゆる機器がインターネットとつながる IoT (Internet of Things) へと向かっています．PC の基本的構成をパッケージ化して，商品としてはじめて大量生産されたのは 1977 発売のアップルコンピュータ（現アップル）の Apple II でした．その後の OS の割拠淘汰，発展普及を経て現在に至っています．個人用コンピュータは PC だけではありません．インターネット（以後，単にネットと記す）へは PC のほか，スマートフォン，タブレット端末，ゲーム機，テレビ，ビデオレコーダなどの家電製品がほとんど常時ネットアクセスするようになり，ネットがなくては本来の機能を発揮できない，あるいはソフトウェアのアップデートができない時代となりました．多くの機器で何をするにもネット接続が前提となり，機能が高度化した分，（接続可能であれば）人々は多くの情報を瞬時にして検索アクセスし，編集することができるようになりました．これは便利な反面，セキュリティ低下やコンピュータウイルスの被害，ネット犯罪といった新たなリスクももたらしました．事実，かつての PC をしのぐ能力も持つスマートフォンは，かつてのケータイではありえなかった大量の個人情報漏洩や，ウイルスやスパムウェアによる被害が報告されています．

　個人の PC やモバイル機器では，設定や情報がユーザ固有のものになっているのが一般的です．一方，大学やオフィスなどでは PC 端末を不特定の利用者がシェア（共有）して使うことがあります．その場合は，個人の文書ファイルや設定，アクセス権管理を制御する必要があります．どの端末を操作しても自分の PC として使えるようにするために，静岡大学の演習室で

は LAN（Local Area Network）を利用して，サーバで各端末を一元管理しています．そのため，個人のマシンとは違うルールがあります．本書は，共用端末を想定して書かれています．

PC は装置だけでは使えません．また，かつては電源 OFF 状態で情報を保持できるメモリが高価であったために， PC は起動のたびにハードディスクなどからソフトウェアを読み出していました．プロセッサの高速化やハードディスクの高速高容量化が急激に進んだにもかかわらず，PC の起動には長らく「もどかしい数分間」がありました．OS をはじめとする大容量の情報（ソフトウェア）を起動のたびに読み出す必要があったからです．最近では，ハードディスクに代わり読み書きがはるかに高速化された SSD の低価格化と普及，リチウムイオン電池の性能向上，マシン全体の省電力化などにより，小型化，軽量化，高性能化が進んでいます．

2023 年 11 月現在，演習室の端末の OS としてマイクロソフト社の Windows 11 Pro 日本語版（バージョン 22H2）インストールされています．OS は，PC 本体とともにプラットフォーム（PC の動作規格，あるいは環境）を形成するものです．プラットフォームの存在により，その仕様に合わせて各社がアプリ（アプリケーションソフトウェア）や周辺機器の開発，販売することが可能となります．OS の標準化により操作やファイルの互換性が保証され，開発費の削減による低価格化も実現しましたが，ウイルスやスパムウェアの被害拡大も起きました．

2.2.1　PC を起動する

共用端末の電源は使用前 OFF になっていますので，PC の電源を ON にしてください．

電源 ON の場合は，待機中になっています．以下の画面が表示されています．（画面が表示されていない場合には，マウスをすこし動かしてみましょう．）

図 2-3　Windows 11　の起動直後の画面（背景などは異なっている場合があります）

2.2.2　サーバへの接続と Windows11 の起動

＜サーバシステムでコンピュータを使用する場合は，予め登録されたユーザ名とパスワードを入力しないと使用できません．＞

■初めて接続（ログオン）するとき

　ログオン：ユーザ名（ユーザ ID）とパスワードを入力することで，ユーザ認証を行います．これは不特定の利用者がコンピュータやネットワークを利用する場合などに，各利用者にアクセス権があるファイルやシステムのみへの操作を許すためのものです．利用者が作成したワープロ文書やメールの内容はサーバ上のフォルダに保存でき，アクセス権限のない他人がそれらを読み書きすることはできません．またどの端末を使っても同じ環境で利用できます．キーボードで任意のキーを押すか，マウスでクリックすると，ユーザ名，パスワードの入力が要求される「ログオン情報」ダイアログボックス（図 2-4）が現れます．「ユーザ名」ボックスに情報基盤センターから発行された各自のユーザ名を入力します．

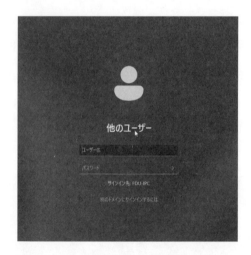

図 2-4　［ログオン情報］のダイアログボックス

　ボックスには前に利用した人のユーザ名が入っていることがありますので，その場合にはそれを Delete キーか Back Space キーで消してから自分のユーザ名を入力してください．入力して Tab キーを押すとパスワードの入力欄にカーソルが移動します（マウスでポインタを移動させてもよい．）．パスワードは他人に見られないように，入力した文字は画面上では「●」で表示されます．大文字小文字，半角文字なども区別して間違えないように入力してください．ログオン先にはマネージメントサーバを示す［EDU-IPC］などが表示されています．ログオン先の確認が終わったら，「OK」ボタンをクリックします．入力に間違いがなければ，ログオンできます．

■ログオン時における入力ミス対策

① ユーザ名の入力で間違った場合は，$\boxed{\text{Back Space}}$ キー（カーソル左側の文字を一字ずつ消去する）または $\boxed{\text{Delete}}$ キー（右側の文字を一字ずつ消去する）を使って，正しい文字を入力します．

② パスワードの入力で間違った場合は，いったん「●」を全部消去してから，再入力します．

③ ユーザ認証に失敗した場合は，もう一度，ユーザ名とパスワードを正確に入力し直してみてください．

2.2.3 Windows11 の終了（シャットダウン）と電源

画面最下部のタスクバー内にあるスタートボタンを右クリックして表示されるメニュー（コンテキストメニュー）から，図 2-5 左のように「シャットダウンまたはサインアウト」→「シャットダウン」をクリックすると，Windows を終了（電源を切る）ことができます．あるいは，図 2-5 右のように，スタートボタンをクリックすることで表示されるスタートメニュー右下にある「電源」アイコン

図 2-5　Windows11 の終了方法
（左と右の画面，どちらの方法でも終了可能）

をクリックして表示されるサブメニュー内の「シャットダウン」をクリックすることでも，シャットダウンすることができます．

なお，端末から離れるときは，必ずシャットダウンをしてください．そうしないと，あなたのアカウントで第三者に端末を使用される可能性があります．

2.2.4 パスワードの変更について

初回ログイン時にパスワードの変更は要求されませんが，セキュリティの確保のため，情報基盤センターでは定期的にパスワードを変更することを推奨しています．また，パスワードはなるべく予測しにくい「思いつきにくい固有なもの」にしてください．かつて，「ILOVEYOU」や「12345」などの安易なパスワードを使用していたために不正アクセス被害が多数発生したことがありました．パスワードに問題が発生した際は情報基盤センターに学生証を持って出向いてください．パスワード変更は専用 Web ページからもできます．パスワード変更専用 Web ページは，演習室端末のブラウザの「お気に入り」にも入っていますし，情報基盤センターの

HP からもリンクがあります.

　図 2-6 にパスワードの変更ページ（ https://www.cii.shizuoka.ac.jp/in/?page_id=215 ）を示します.

図 2-6　パスワード変更の Web ページ

2.3　キーボード・マウスの操作

　キーボードとマウスは PC の一般的な入力装置です. ここでは標準的な「109 キーボード」と「スクロールマウス」を説明します.

2.3.1　キーボードの構成と配置

　キーボードは主に文字を入力する装置で, 英文タイプライタの「QWERTY」キー配列を踏襲しています. 標準的なキーボードには, 左側 2/3 ほどの領域に文字入力用キーが集まり, 右側にテンキーといわれる数字・演算キー, その中間にカーソルの移動やページを前後に進ませるキー, さらに上部にファンクションキーが配置されています. ノートパソコンでは, スペース

の都合でテンキーが省略されているキーボードが多いです.

■日本語入力と英字入力（半角入力）

　日本語の入力と表示は，日本語対応の OS ならもちろんのこと，英語版の OS であっても正しく設定することでできるようになります．ローマ字入力から日本語への変換については，Microsoft IME の頁で説明します.

■文字入力キー

　アルファベットやひらがな，カタカナ，数字，記号等の文字を入力するためのキーで，キーに 2 つ以上の文字が割り当てられているので，シフトキーなどを併用して選択入力します.

■英字

　小文字の a から z までの 26 文字が入力できます．アルファベットのキー配列は英文タイプライタに準じたものになっています．大文字を入力するには，Shift キーを押しながら該当する英字キーを押すか，Shift ＋ Caps Lock キーを押した後入力します（もう一度同じ操作をすると解除されます）.

■ギリシャ文字や特殊文字，各国文字（フランス語，ドイツ語，イタリア語その他）

　あとで説明する日本語変換機能を用いると，外見は目的の入力ができたように見えますが，日本語入力モードでの文字コードがローマ字入力時の文字コードと異なる場合には，日本語以外の環境（国際的には英語環境が標準）で正常に表示されないことがあります．国際的なコミュニケーション，国際的な場での論文や文書，プレゼン，メール送信においては，その点に十分注意する必要があります．Windows での特殊文字の入力は，「文字コード表」を用いてコピー・ペーストすれば行えます．Word では，英文フォントを選んだ状態で「挿入」から「記号と特殊文字」を選べば入力できます．Alt キーを用いたコード入力ショートカットも使うことができます．（たとえば「度（degree）」記号「°」は「Alt ＋0176」で入力できます.

■数字

　キーボード上部の 0～9 を押すか，キーボード右側にテンキーがある場合はテンキーから入力します.

■記号

　演算子（＋－＊／），小数点（．），カンマ（，），＜，＞，％，＆，￥等の記号は，通常はキーの上段や右側に位置しているものが多く，Shift キーを押しながら，キー入力します.

■カタカナ（かな）文字

　カタカナ キーを押して，入力したい「ひらがな」キーを押すと，かなを入力できます.

■挿入モードと上書きモード

　Insert キーを押すと上書きモードに変わります．もう一度押すと挿入モードにもどります.

■制御キー

　文字入力キーと組み合わせて使うキーや，入力する位置を決めたり動かしたりするためのキ

一等です．これらのキーだけでは直接文字を入力する事はできません．

■キー操作の連携

$\boxed{\text{Ctrl}}$＋$\boxed{\text{Alt}}$＋$\boxed{\text{Delete}}$ のように「＋」記号は，同時に複数のキーを押すことを表します．$\boxed{\text{Shift}}$ を押した状態でキー入力すると，キーに表示されている上段の文字・記号が入力できます．

$\boxed{\text{Shift}}$＋$\boxed{\text{Caps Lock}}$ キーを押した状態で英字キーを押すとアルファベットの大文字が入力できます．キーボード右上のインジケーターランプ「Caps Lock」が点灯します．

$\boxed{\text{Num Lock}}$ キーを押してあればテンキーが使用可能になります．この時キーボード右上のインジケーターランプ「Num Lock」が点灯します．

記号の読み方

[.]ピリオド, [,]カンマ, [/]スラッシュ, [_]アンダーバーあるいはアンダースコア, [@]アットマーク, [*]アスタリスク, [:]コロン, [;]セミコロン, [^]ハット, ["]ダブルクォーテーション, [&]アンパサンド, [']シングルクォーテーション, [~]チルダ

2.3.2　マウスの基本操作

マウスは，キーボードを補助するものとして考案された巧妙な二次元ポインタ装置です．マウスは直感的で素早い操作を行うことを可能にし，特にキーボードが苦手とする図形の描画などに威力を発揮します．マウスは GUI（Graphical User Interface）を導入した PC を操作する上で有効な入力装置で，Windows 用の標準的なマウスには，前面左右に一個ずつボタンがあり，スクロールマウスにはボタンの間にホイールが付いています．「左ボタン」は主に対象の選択と実行，「右ボタン」は主に対象の属性や入力編集メニューを表示させるときに使い，ホイールはウインドウ内の画面を上下に移動（スクロール）させる時に使います．

マウスに代わる装置もあります．ノート PC ではタッチパッド，絵を描く際にはペンタブレ

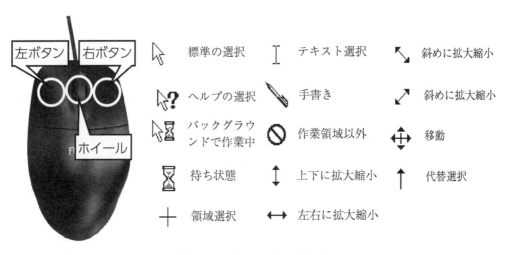

図 2-7　マウスとマウスポインタ

ット，液晶タブレットが使われます．スマホなどのタッチパネルも入力装置の一種です．マウスを動かすと，マウスポインタが形状を必要に応じていろいろ変えながら動きます．マウスでは，ユーザがいろいろな命令を出すためにポイント，クリック，ダブルクリック，ドラッグ，ドラッグ&ドロップなどの操作を行います．また，マウスの動作は設定により変更できます．

2.4　タイプ練習

　コンピュータでは，文字はキーボードで入力する場合がほとんどです．タイプ入力が遅かったり苦手だったりするとコンピュータを利用することも億劫に感じられたりします．ネットには，ブラウザ上で実行できるタイピング練習アプリがたくさんありますので，自分に合ったものを選んでぜひ活用してください．

　毎日 10 分の練習を 1 カ月続ければ，英文字で 30 ワード（1 秒間に 3 文字）ぐらいは簡単に打てるようになります．非常にうまくなるとキーボードを目視せずにディスプレイだけを見て入力できるようになります．このようなキー入力をタッチタイピング，あるいはタッチメソッドなどと呼びます．

■タイプ上達への道 ― 正しい指の使い方

　ほとんどのキーボードには，F と J のキー上に小さな突起がついていて，ここに人差し指をおいてその他の指を隣り合ったキーに乗せます．親指は宙に浮かせた状態です．この状態の指の位置をホームポジションと呼びます．タイプは，まず，ホームポジションに指を乗せることから始まります．

　すべてのキーを，キーボードを見ないで入力します．ですから，キーの位置を記憶する必要があります．といっても，数字キーやそれをシフトして入力する特殊キー（&%$ など）は無理に覚えなくても良いでしょう．覚える，といってもキーボードを見て場所を覚えるのではなく，タイプ練習を繰り返すうちに覚えることができますから心配ありません．なお，スペースバーは左右の親指で押します．

■タイプ上達への道 ― 上達を早めるために

● 毎日少し，たとえば 3 日に一度 30 分よりも毎日 10 分練習する方が早く上達します．

● 正しい指使いを．「Y」は右手，「B」は左手で打っていますか．上段と下段のキーを打ったらすぐに指をホームポジションに戻す癖を付けましょう．

● グラフ用紙に上達曲線を描きましょう（エクセルを利用しても良いですね）．自分の能力がだんだん向上していくのを見るのはとても楽しいことです．

●いつも目標を持って練習しましょう．練習を続ければタイピングは必ず上達します．

2.5 プリンタ使用上の注意

　実習室でのプリンタはプリントサーバとネットワーク（1.1.2 節参照）を介して複数の端末で
共用しています．（printer のカタカナ表記は，JIS では「プリンタ」ですが，Windows では
「プリンター」と表記されています．この教科書では，JIS 表記の「プリンタ」で記述します．）

■何度も同じ印刷命令を出さないこと．

　授業のときなど，各端末からほぼ同じ時間帯に一斉に印刷命令（ジョブ）が出されることが
あります．プリンタは数十台の端末で共用されていますから，複数の印刷ジョブがあった場合
は，命令を受けた順番で印刷が行われます．たくさんの印刷ジョブが入力されたときや自分の
印刷ジョブの前に多ページの印刷を要するジョブが入力されていると，自分の印刷ジョブが実
行されるまで，かなり時間を要することがあります．したがって，「印刷されない」と思って
再度印刷ジョブを出してしまうと，無駄な印刷が大量に行われることになります．このような
無駄をなくすためにも，自分が印刷に使うプリンタには，どのような印刷ジョブが入力されて
いるのかを正しく把握することが重要です．

■印刷の進行状況をチェックしよう．

① 画面下部のスタートボタンを右クリックし，「設定」をクリックします．（図 2-8 左）
② 設定ウィンドウの左側にある「Bluethooth とデバイス 」をクリックします．（図 2-8 右）
③ 「プリンターとスキャナー」を選択するとプリンタ一覧が表示されますので（図 2-9），
　 印刷の進捗状態を確認したいプリンタをクリックし，続いて「プリンター キューを開
　 く」をクリックします．（図 2-10）
④ 選択したプリンタで処理中の印刷ジョブ一覧が図 2-11 のように表示されます．印刷が
　 終了すると印刷ジョブが消滅します．

図 2-8　印刷の進行状況～その 1

図 2-9　印刷の進行状況〜その 2

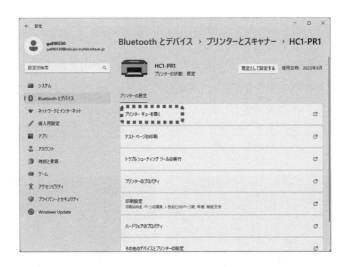

図 2-10　印刷の進行状況〜その 3

■印刷した紙は必ず自分で持って退出すること.

　印刷した紙をそのままプリンタに放置したままにしてあるのがよく見られます. 自分が印刷した紙は, たとえ不要であっても持って帰るようにしましょう.

図 2-11　印刷の進行状況〜その 4

2.6　Windows11 の基本操作

2.6.1　スタートメニューとデスクトップ画面の構成

　Windows11 を起動した際に表示される画面を「デスクトップ」画面といいます．画面下部にあるタスクバー内の真ん中やや左にある窓のデザイン「Windows」アイコンをクリックすると，「スタートメニュー」が現れます．そこにはインストールされているアプリケーションなどがアイコンで表示されています．アプリケーションを起動したい場合は該当のアイコンをクリックして下さい．

図 2-12　デスクトップ画面（左）とスタートメニュー（右）

＜スタートメニューの構成＞

　使用する端末に保存されているアプリケーションのアイコンがタイルとしてカテゴリ分けされた状態で表示されます．起動したいアプリケーションのアイコンをクリックして下さい．

　画面中に起動したいアプリケーションが表示されていない場合は，「すべてのアプリ」をクリックすると，インストールされている全てのアプリがアルファベット順・ひらがな順で表示されます．一度に全てが表示できない場合は，マウスの「ホイール」をスクロールすることで，

表示されている一覧を上下に移動させることが可能です.

図 2-13　スタートメニューの構成

＜デスクトップ画面の構成＞

　Windows11 のデスクトップには，システムに関するアイコンやよく用いられるソフトウェア（アプリ）に関するアイコンなどが表示されます．画面下側には細長いタスクバーが表示されています.

図 2-14　デスクトップ画面の構成

■アイコン

　画面上に表示される小さな絵で，ファイルやフォルダ，アプリケーションなどを象徴しています．右クリックで表示される「プロパティ」によりアイコンの属性が調べられます.

■タスクバー

　スタートメニューを起動するための Windows マーク，アプリやファイルなどを探すための

検索ボックス，特によく用いられるアプリケーションを起動する「アイコン」，日本語入力の状態，音量，日付・時刻等が表示されている「インジケータ」等が収納されています．

■「PC」アイコン

現在利用している端末が管理しているボリューム（SSD，ハードディスク，リムーバブルメディア（DVD などの光学ディスク，USB メモリなどのメモリカード）などの周辺装置等）を管理するためのアイコンです．詳しくは第 2.6.3 節で説明します．

■「ごみ箱」アイコン

ファイルを削除したいときに，一時的に保管される場所です．ゴミ箱の中にあるうちはファイルを取り戻すこともできます．（一般的には，「ごみ箱」に入れてもファイルは取り戻せますが，マネージメントサーバが管理しているようなシステムでは，「ごみ箱」に入れるとファイルが取り戻せないことがありますので注意してください．）

2.6.2　ウインドウの操作

アプリケーションソフトなどが起動しているときの作業領域や，フォルダの中身をあけたときの表示領域をウインドウといいます．Windows 上で動作するアプリケーションのウインドウの各部名称や操作はほぼ共通しています．アプリケーションソフトを起動するには，スタートメニューにて起動したいアプリケーションソフトのアイコンをクリックします．

複数のアプリケーションを起動するには，たとえば以下のような手順を行います．

①スタートメニューから「Google Chrome」を起動する．

②タスクバーから「Word」を起動する．

③タスクバーから「Excel」を起動する．

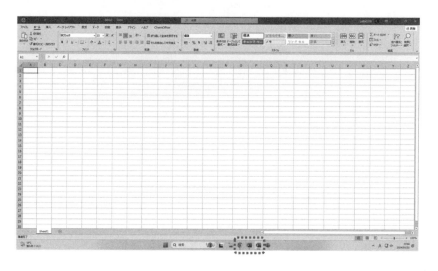

図 2-15　複数のアプリケーションを起動した画面の例

　図 2-15 のデスクトップ画面は，3 つのアプリケーションを起動した後の画面になります．ウインドウの後ろに隠れているアプリケーションを一番手前に表示させる（アクティベートする）には，タスクバー上のボタンを左クリックします．アクティブウインドウを一時的に消してタスクバーに入れるには，タスクバー上のボタンを左クリックします．このように，アプリケーションウインドウを操作するには，タスクバー上のアプリケーションボタンを右クリックし，移動，サイズ変更，最小化，最大化等のメニューを選択します．

■移動

　タイトルバーをドラッグすると，ウインドウを移動させることができます．

■拡大・縮小

　ウインドウの 4 つの角にマウスポインタを合わせると，マウスポインタは斜め矢印に形状が変わって，その状態でドラッグすると，縦と横が同時に拡大・縮小できます．ウインドウの左右の境界にマウスを合わせると左右矢印，上下の境界にマウスを合わせると上下矢印に変わります．その状態でドラッグすると，ウインドウの縦横方向の拡大・縮小ができます．

■最小化，最大化

　ウインドウ右上の最小化ボタン，最大化ボタンを使います．あるいは，ウインドウのタイトルバーを右クリックすると，移動，サイズ変更，最小化，最大化などのメニューが選択できます．

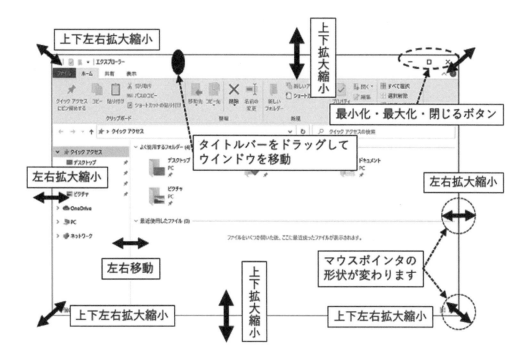

図 2-16　ウインドウの操作（ウインドウ上の置き場所によって，マウスポインタの形状が変わる）

2.6.3　ファイルとフォルダの操作

　Windows では，文書やプログラムファイルの階層的な収納状況がグラフィカルに表示されます．ファイルは，仮想的に「フォルダ」（もしくは「ディレクトリ」）と呼ばれるところに収納されます（図 2-17, 図 2-18 参照）．イメージとしてフォルダは名前のある整理箱であり，ファイルをその箱の中に収納することができます．ユーザは目的に応じてフォルダの中に複数のフォルダを作成して，ファイルを階層的に整理して保存します．

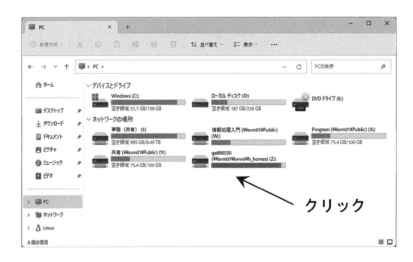

図 2-17　エクスプローラーによるドライブの閲覧

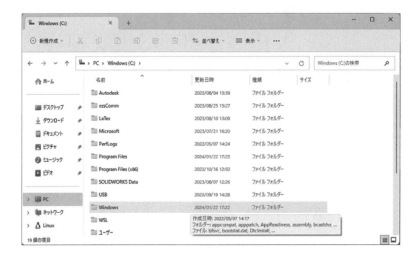

図 2-18　エクスプローラーによるフォルダとファイル一覧

■PC

　アイコン「PC」は，端末自体を意味（象徴）し，中に保存してあるフォルダやファイルを探

してそれらをコピー，あるいは開くときなどによく用います．デスクトップ上の下にある「エクスプローラー」をクリックして起動します．

　ハードディスク・SSD や光学ディスクドライブなどの記憶装置には（C:）や（E:）などの名前が付けられています．このうち，共有フォルダ（Y:）と利用者フォルダ（Z:）はサーバのストレージの中にあります．共有フォルダ（Y:）はサーバに接続されているコンピュータ（クライアントという）すべてから利用できます．他のコンピュータとのファイルの交換などに用いられます．

　利用者フォルダ（Z:）は利用者がファイルを収納するところで，名称として利用者名が付けられています．利用者フォルダには一定の容量制限があり，その範囲で情報が保存できます．コンピュータを使うためには，システムのドライブの特性を理解していなければなりません．

　＜演習 2-1＞　図 2-17，図 2-18 を参考に，「エクスプローラー」で利用者フォルダ（Z:）の中身を見なさい．

　利用者フォルダ（Z:）の合計サイズ（容量）は，Z ドライブアイコンにマウスポインタを重ねれば表示されます．なお，利用者フォルダ（Z:）の中にあるメール用のフォルダ「mail」は，削除や移動はしないでください．

■フォルダの新規作成

　ファイルはフォルダ毎に整理して格納します．このようなフォルダはエクスプローラーで作成します．まず，エクスプローラーで利用者フォルダをクリックします．次にリボンの左端にある「新規作成」をクリックし，ポップアップされたメニューの中にある「フォルダー」をクリックしますと，「新しいフォルダー」の名前のついたフォルダが作成されます．名称を「ワープロ」，「表計算」などに変更してみましょう．

図 2-19　フォルダの新規作成

<演習2-2> 利用者フォルダの中に「ワープロ」フォルダと「その他」フォルダを作成しなさい.

■ファイルやフォルダの移動

コンピュータを使い込んでいくにしたがって,ファイルやフォルダの移動が必要となってきます.ファイルやフォルダを違うフォルダに移動するには,マウスによるドラッグ&ドロップ操作で図のように行います.

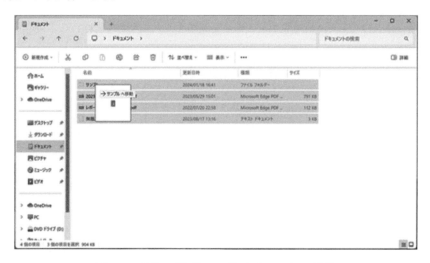

図2-20 ドラッグ&ドロップによるファイルの移動

複数のファイルやフォルダを移動するには, Ctrl キーを押したままの状態でファイルやフォルダをクリックして複数選択した後,ドラッグ&ドロップすることによって行います.

■ファイルやフォルダのコピー

ファイルやフォルダのコピーは次の手順で行います.

① エクスプローラーを開いて,マウスでコピーしたいファイルやフォルダをクリックして選択.

② メニューバーの「ホーム」を選択→「コピー」をクリック.

③ マウスでポイントすることによって,コピー先のフォルダやドライブを開く.

④ メニューバーの「ホーム」を選択→「貼り付け」をクリック.

<演習2-3> 共有フォルダ (Y:) にあるファイル(授業担当者によってコピーされたファイル)を利用者フォルダのフォルダにコピーしなさい.

<演習2-4> 利用者フォルダにあるファイルをフォルダ「ワープロ」に移動しなさい.

　なお，複数のファイルやフォルダを選択してコピーするには，$\boxed{\text{Ctrl}}$ キーを押したままの状態でファイルやフォルダをクリックして複数選択した後，前記の ②〜④ の操作を行います．

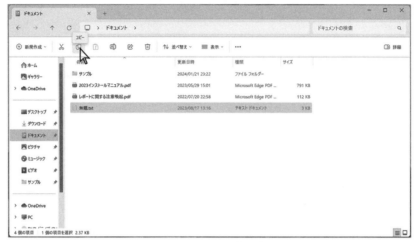

(a)　ファイルのコピー：①と②の操作

(b)　ファイルの貼り付け：③と④の操作

図 2-21　ファイルのコピー

　マウスの右クリックを用いると，次の手順ですばやくコピーすることができます．
　① エクスプローラーを開いてコピーしたいファイルやフォルダをクリックして選択．
　② マウスを右クリックして「コピー」を選択．
　③ マウスでポイントすることによってコピー先のフォルダやドライブを開く．
　④ マウスを右クリックして「貼り付け」を選択

■ファイルやフォルダの削除

　不要なファイルを削除したいときがあります．削除は次の手順で行います．

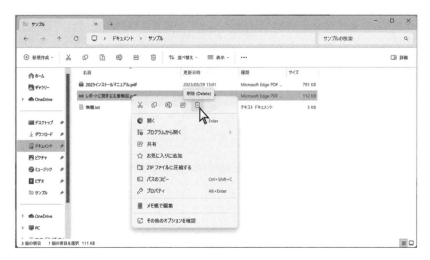

図 2-22 ファイルの削除

図 2-22 に示すように

① エクスプローラーを開き，マウスで削除したいファイルやフォルダを選択．

② 右クリックで，表示されたメニューから，「削除」（ゴミ箱状のアイコン）をクリック．

または，

① エクスプローラーを開いて，マウスで削除したいファイルやフォルダを選択．

② メニューバーのリボンにある「削除」（ごみ箱状のアイコン）をクリック．

以上の手順で削除されたファイルやフォルダは「ごみ箱」に移動しています．また，直接マウスでドラッグ＆ドロップして「ごみ箱」に移すこともできます．「ごみ箱」にあるファイルはストレージ上に残っています．「ごみ箱」から完全に消したいときはごみ箱を開き，「ごみ箱を空にする」を選択することによって行います．

図 2-23 ファイルの検索

■ファイルの検索

ファイルのありかがわからなくなったときなど，ファイルを検索したい場合があります．ファイルの検索はエクスプローラーを開き，右上の検索ボックスにファイル名を入力してエンターキーを押します．検索結果の一例が図 2-23 に示してあります．

2.7 Microsoft IME による日本語の入力

日本語を入力するには，Windows 付属の日本語入力ソフト Microsoft IME（Input Method Editor）を使用します．同じく付属のエディタ「メモ帳」を使って，日本語入力を説明します．日本語入力ソフトの歴史は PC の日本語化，日本語ワードプロセッサ（ワープロ）の開発史そのもので，Windows 用 IME としては，ほかに ATOK や Google 日本語入力などがあります．

2.7.1 メモ帳の操作方法

■メモ帳の起動

デスクトップ画面では「Windows」キーを押すとスタートメニューとなりますので，スタートメニュー右上の「すべてのアプリ」をクリックします．表示されるアプリ一覧をスクロールして「メモ帳」のアイコンを探し，それをクリックします．

■メモ帳

「メモ帳」を起動すると，初期画面は白紙の状態で，左上に｜型のカーソル「｜」が点滅して，入力待ちの状態になります．下図に，メモ帳で編集中のサンプルを示します．「メモ帳」はエディタと呼ばれる種類のアプリで，テキストの入力・編集を目的とした機能限定版のワー

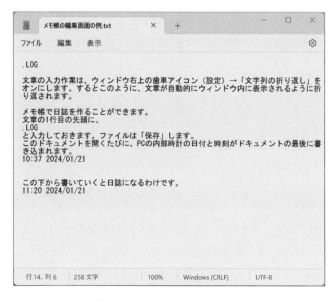

図 2-24　メモ帳の編集画面の例

プロといえます.

text 文書は最もシンプルな文書ファイル形式の1つで,多くのワープロソフトで読み書き可能です.また,html ファイルなどプログラムのソースも,たいていテキスト文書で作成されます.そのため,文字の飾りつけや罫線,書式の細かな設定などはできませんが,大きなメモリ容量を消費せず,非常に軽快に動作します.

■メモ帳の終了

「ファイル」を左クリック→「名前をつけて保存」を左クリックします.すると,次図の「名前をつけて保存」ダイアログボックスが現れます.任意のフォルダに新規フォルダを作成し,ファイル名を入力し,保存します.text 文書の「拡張子」(ファイルの属性を示すもので,ファイル名のあとにピリオドで区切り「.＊＊＊」のように記述される)は「txt」です.ここでは,わかりやすいようにデスクトップ上に新しくフォルダを作成して,作成したファイルにファイル名をつけて,その中に保存しましょう.

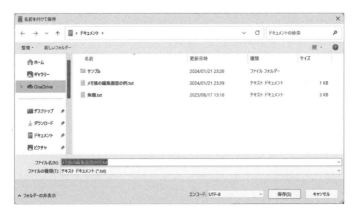

図 2-25　メモ帳の「名前を付けて保存」ダイアログボックス

＜注意！実習室の PC でデータを保存する場合は,持参した USB メモリなど,あるいは,自分のフォルダに保存してください.＞

2.7.2　日本語入力

Windows を起動すると,タスクバー右側,日付や時刻の左あたりに「あ」や「A」と表示されているアイコンがあります.これが IME のアイコンです.

■日本語入力モード

日本語入力が可能な「日本語入力モード」にするには,以下の2つの方法があります.

① キーボード左上の ⏢半角/全角 漢字⏢ キーを押す

② 日本語 IME アイコンの「A」を左クリックし，メニューの「ひらがな」を左クリックする

「日本語入力モード」にすると IME アイコンの「A」が「あ」と表示されます．

　日本語を入力するには，まず入力する文やことばをかなで入力し，ついで，入力されたかな
を漢字に変換します．読みの入力には，

① **ローマ字入力**：ローマ字読みで日本語（かな）を入力する

② **かな入力**：キーに書かれている「かな」で日本語（かな）を入力する

の 2 つの方法があります．ローマ字入力方式は，使用するキーが「A」から「Z」までの 26 個
のキーしかないため，かな入力の「あ」から「ん」までの 50 個ものキー配列を覚えるよりも簡
単です．しかし，たとえば「か」を入力するのにローマ字入力では「K」と「A」の 2 つのキー
を押さなければならないところを，かな入力では「か」の 1 つのキーですむため，日本語のみ
だと効率的に入力できる場合があります．大学生の諸君は，英文などの外国語入力にも対応す
べきであることから，ここでは「ローマ字入力」の説明をします．

■ローマ字入力

　Windows IME では，初期状態でローマ字入力となっ
ています．もし，ローマ字入力とかな入力を切り替えた
い場合は，タスクバー内の IME アイコンを右クリック
してください．ポップアップされたメニュー内に「かな
入力」という項目があり，これを「オン」にするとかな
入力モードとなり，「オフ」にするとローマ字入力モー
ドとなります．

■日本語入力

　日本語を入力するには，まず読みを入力します．ここ
でもう一度，IME アイコンが日本語入力モードになって
いるか確認しましょう．また，キーボードの ⏢Caps Lock⏢
は ON でも OFF でもかまいませんが，ここでは，OFF
の方がよいでしょう．

■Windows の OS 外字問題

　ときとして障害になるのが「OS 外字問題」です．こ
れは，日本語文字コードが OS 間で部分的に不統一であ

図 2-26　日本語 IME アイコンの
　　　　　ポップアップメニュー

るために起こる現象です．IT 黎明期に日本語 OS が登場した際に OS 間での文字コード統一を
怠ったことが原因です．その結果，Windows, macOS, Linux の間でテキストをやり取りする
と「文字化け」が起こることがあります．Windows ユーザは相手も同じ Windows ユーザであ
ることが多いため気付きにくいのですが，一文字での「㌔」や「㈱」などの略字，「Ⅳ」など

のローマ数字を日本語フォントで入力した際には，ほかの OS で正常に表示されないことがあります．重要な場面で不利益を被らないためにも，そのことを理解しておくことが重要です．メールでの文字化けは，送信側と受信側で文字コードと文字表示の対応をコントロールする「テキストエンコーディング」の不整合で起こります．Outlook の html メールでも文字化けが起こることがあります．

■日本語入力時の注意

　ツールバー上に「あ」と表示されていても日本語が入力できない場合は，ツールバーの右端の「KANA」ボタンが押されているかどうか確認してください．このボタンが押されている場合は，もう一度左クリックすると，ボタンは解除されます．

① 「aiueo」とキー入力すると，「あいうえお」と表示されます．「kakikukeko」とキー入力すると→「かきくけこ」と表示されます．このように，母音「a，i，u，e，o」と子音「k，s，t，n，h，m，y，r」を組み合わせると，か～ら行が入力できます．わ行は，「wawo」→「わを」と入力します．「ん」は「nn」と入力します．

② 「lalilulelo」とキー入力すると，「ぁぃぅぇぉ」と小さい「あいうえお」が表示されます．あるいは，「xaxixuxexo」とキー入力しても同じです．拗音「ゃゅょ」をそれだけ入力するときは，「lyalyulyo」とキー入力します．促音「っ」をそれだけ入力するときは，「ltu」とキー入力します．

③ k，s，t，n，h，m，rとya，yi，yu，ye，yoを組み合わせると，たとえば，「kyakyikyukyekyo」→「きゃきぃきゅきぇきょ」のように入力できます．

④ 「ぁぃぅぇぉ」の入ったことばは，q，s，t，fとwaを組み合わせると，たとえば，「qwaqwiqwuqweqwo」→「くぁくぃくぅくぇくぉ」のように入力できます．ただし，「うぁうぃうぇうぉ」は，「whawhiwhewho」と入力します．

⑤ 促音「っ」の入ったことばは，たとえば，「atta」とキー入力すると，「あった」と表示されるように，「っ」の後にくる子音を重ねて入力します．「katta」→「かった」，「syatta」→「しゃった」

<演習 2-5> 「にほんごにゅうりょく」と入力してみましょう．
nihonngonyuuryokuとキー入力すると，にほんごにゅうりょくのように表示されます．

<演習 2-6> 「だいじょうぶですか？」と入力してみましょう．
daijyoubudesuka？（？は，Shiftを押しながら？を押します）とキー入力すると，だいじょうぶですか？のように表示されます．

2.7.3 文字の変換

■漢字変換

　ひらがなを漢字に変換するには，ひらがな入力後, 前候補／変換 キー，または スペース キーを押すと変換リストが表示されますので，その中から選択し，確定します．

　　＜演習 2-7＞　「日本語入力」と変換してみましょう．

　「n i h o n n g o n y u u r y o k u」とキー入力します．すると，「にほんごにゅうりょく」と表示されます．ここで, 前候補／変換 キーを押します．すると，「日本語入力」と自動的に漢字変換されます．前後の漢字が正しければ, Enter キーを押して確定します．
　正しくない場合は, Shift ＋ ← キーを使って，変換対象範囲がにほんご部分を指すように後退させます．行き過ぎた場合は, → キーで前進させます． 前候補／変換 キーを 1 回押し，変換候補を表示させ，候補を選択します．次に → キーを 1 回押して「日本語入力」を選択し，正しければ, Enter キーを押して確定します．

　　＜演習 2-8＞　「大丈夫ですか？」と入力してみましょう．

　「d a i j y o u b u d e s u k a ?」とキー入力します．すると，「だいじょうぶですか？」と表示されます．ここで, 前候補／変換 キーを押します．すると，「大丈夫ですか？」と表示され，正しければ, Enter キーを押して確定します．

　　＜演習 2-9＞　「長文も一気に変換します」と入力してみましょう．

　「t y o u b u n n m o i k k i n i h e n n k a n n s i m a s u .」とキー入力します．すると，「ちょうぶんもいっきにへんかんします」と表示されます．ここで, 前候補／変換 キーを 1 回押し，「長文も一機に返還します」と変換されたら，「長文も」までは正しいので, → キーを 1 回押して「長文も一機に返還します」を選択します． 前候補／変換 キーを 1 回押すと，変換候補が現れますので, ↓ キーで「一気に」を選択します．次に → キーを 1 回押して，「長文も一気に返還します」を選択します． スペース キーを 1 回押すと，変換候補が現れますので「変換します」を選択して, Enter キーを押して確定します．

＜演習 2-10＞　「湖沼浄水問題を考える」と入力しましょう.

図 2-27　変換一覧

「k o s y o u j y o u s u i m o n n d a i w o k a n n g a e r u」とキー入力します. すると, 「こしょうじょうすいもんだいをかんがえる」と表示されます. ここで, 前候補／変換 キーを押すと, 「故障浄水問題を考える」と変換されます. もう一度, 前候補／変換 キーを押すと, 右図のように変換候補の一覧が表示されます. ↓ キーまたは前候補／変換 キーを使って, 「湖沼」を選択します. 「湖沼浄水問題を考える」と, 正しく変換されたら, Enter キーを押して確定します.

2.8　Microsoft IME の活用

Microsoft IME は日本語に限らず, 多言語を自分が使いやすいように設定することができます. 操作環境を設定するには, IME アイコンを右クリックし, 「詳細」を選択してください.

図 2-28　「Microsoft IME」の設定

■句読点の入力

「，」（読点）および「．」（句点）キーを押したときに入力される記号を変更する場合→図 2-28 の画面から「全般」を選択し，「句読点」ボックスの下矢印をクリックします．

■テンキーから全角または半角入力

テンキーから数字や記号を入力するときに，半角か全角を切り替える場合→図 2-28 の画面から「全般」を選択し，「テンキー」ボックスの下矢印をクリックします．

参考文献

● 中川裕志『新版　電子計算機工学』朝倉書店，1996

● 橋本昭洋『コンピュータアーキテクチャ』昭晃堂，1998

● 橋下洋志，小林裕之，天野直紀，中後大輔『図解　コンピュータ概論　［ハードウェア］改訂 4 版』，オーム社，2017

● 橋下洋志，菊池浩明，横田祥『図解　コンピュータ概論　［ソフトウェア・通信ネットワーク］改訂 4 版』，オーム社，2017

第3章　インターネット入門

　大学・学校や会社などの内部の情報ネットワーク(情報通信網)をLAN（Local Area Network）といいます．**インターネット（Internet）**は，個々のネットワークを相互に結合したネットワークのネットワークともいえるコンピュータネットワークの集合体です．インターネットにつながっているネットワークやコンピュータ自身が，インターネットの構成要素といえます．従来のパソコン通信のようにセンターマシンがある集中型のネットワークではなく，それぞれのネットワークとコンピュータが自発的に運営,情報発信をしている分散型のネットワークです．

3.1　情報ネットワーク

　情報ネットワークとは，多くの端末をもつ通信網であり，情報を相互に通信できるようになっています．たとえば，大学内ではLAN（Local Area Network）により情報基盤センターなどのネットワークを管理する部門（以下では単に「情報基盤センター」とします）と学内の各建物とが繋がっています.外部への接続は情報基盤センターにあるコンピュータが担っており，SINET（Science Information NETwork）と呼ばれる情報通信ネットワークに接続されています．このようにネットワークは階層構造になっていて，全世界と繋がっています．ネットワークに繋がっているコンピュータ同士ならば，データを送受信することが可能になります．データのやりとりはあらかじめ定められた方式（プロトコル）により行います．

　相手との通信ができるということは,相手方のストレージにあるファイルなどへの書き込み，読み出し，消去などができるということです．したがって，許可されていない相手から無断で操作されないようにしておく管理システムが必須となります．また，読み込んだソフトウェアにシステムを破壊する機能が潜んでいることがあります．このような悪意あるソフトウェアを**マルウェア**といいます．外部からインターネット経由でファイルを読み込むときには注意が必要で，近年では,悪意のあるWebページを閲覧するだけでマルウェアに感染することが確認されています．そのようなWebページを閲覧しないこととともに，セキュリティソフトを用いることでトラブルを防ぐことが大切です．

　一般に，家庭から情報ネットワークに接続する場合，プロバイダというネットワーク接続事業者に登録することによって使用できるようになります．現在では，プロバイダまでは光ケーブル経由で接続されています．自分のPCをネットワークに接続する方法に不安のある人は,

まず情報基盤センターなど，コンピュータをよく知っている人のいる場所での使用をお勧めします．なお，インターネットに接続して Web に入ったところ，身に覚えのない架空請求をされたり，カードの暗証番号などの個人情報を盗まれたりするなどのトラブルが起きています．情報ネットワークに関する正しい知識を十分会得していない状態でプロバイダと契約することは控えた方がよいでしょう．

3.2　電子メールの利用

　電子メール（または E メール）（electronic mail; e-mail）とは，LAN，パソコン通信，インターネット上でメッセージを交換するシステムです．物理的なメールに似ているためこの名がつきました．瞬時に全世界に（から），送信（受信）できます．また，コンピュータ上のどのような種類のファイルも，添付ファイルとして送ることができます．また，電子メールはコンピュータ上に保存され，再利用することが可能です．さらに，複数の人に同じ文章を同時に送ることもできます．最近では，携帯電話や携帯情報端末機器からも送受信ができるようになり，ますます身近なものになってきました．電子メールを利用するためには，**電子メールアドレス**（e-mail address）を取得する必要があります．

3.2.1　電子メールの仕組み

　電子メールの世界にも，メールサーバまたはポストオフィスという電子郵便局があります．下図は，POP (Post Office Protocol)と呼ばれる電子メールの送受信の仕組みを示しています．

(SMTP : Simple Mail Transfer Protocol)

　A 君のパソコンから送信された電子メールは，LAN やインターネットでつながっている（利用契約している）メールサーバ（A）上にいったん送られ，そこからインターネット網を使って，相手のメールアドレスに記載されているメールサーバ（B）に届きます．B さんは電子メールソフトやインターネットのブラウザを起動し，メールサーバ（B）に接続することによって，届いた電子メールを受け取ることができます．

　電子メールアドレスは，通常は次に示すような形式をとります．

shizuoka.taro.24@shizuoka.ac.jp

　記号@（アットマーク）の前（ここでは shizuoka.taro.24）はユーザ名，後ろは組織を区別するためのドメイン名と呼ばれています．ドメイン名は通常，（部門名など）．（組織名，ここでは shizuoka）．（種別，会社組織は co，学術機関は ac など）．（国名，日本は jp，イギ

リスは uk など）のような順序となっています．ちなみに米国の国名を表す記号はありません
し，使いません．これは，インターネットの仕組みが米国発祥であることからです．

　電子メールのやりとりは，従来はソフトウェア（メーラー）を使用して行うことが一般的で
したが，近年はインターネット上での送受信も多く行われています．そこでは，IMAP（Internet
message access protocol）という電子メールの仕組みが使われています．

　静岡大学情報基盤センターの端末では，マイクロソフト社の Microsoft365 を利用して電子
メールの送受信を行います．URL：https://login.microsoftonline.com/でサインイン画面に入り
ます（図 3-1）．上欄に Microsoft365 アカウント名（電子メールアドレスと同じ），下欄にパ
スワードを入力してサインインします．パスワードは大切な個人情報ですので，取り扱いに注
意して下さい（3.2.4 節参照）．

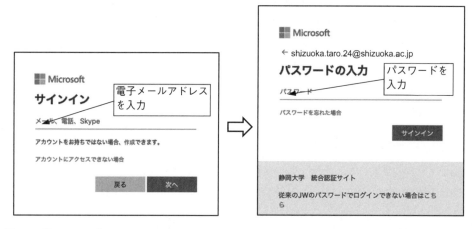

図 3-1　電子メール利用のためのサインイン画面（デザイン変更により配置が異なる場合があります）

　サインインに成功すると，図 3-2 のような利用できるアプリのアイコン群が表示されます．
　Microsoft365 の利用に関しての詳細については，**静岡大学情報基盤センター学内専用ページ**
（https://www.cii.shizuoka.ac.jp/in/）を参考にしてください．ホームページの左側にある「01-
Microsoft365」や「04-メール学生」に，Microsoft365 やメールについての詳細な説明がありま
す．

図 3-2　Microsoft365 サインイン後の画面の上部（デザインは変更される場合があります）

3.2.2 電子メールの送受信

■電子メールの作成と送信

電子メールの作成，送信，受信を行ってみましょう．まず，はじめに電子メールを作成します．図 3-3 の左側のような「**Outlook**」アイコンを左クリックすると，メール画面が表示されます．「**新規メール**」アイコンを左クリックすると，図 3-4 のような作成画面が表示されます．「**連絡先**」については，後で説明します．

電子メールは，宛先や件名等を記入する「**ヘッダー**」部分と，相手へのメッセージ内容を記入する「**テキストエリア**」で構成されます．それぞれに必要な事項を入力していきます．

図 3-3　Outlook のアイコン（左上），電子メール画面（右上）および操作用アイコン群（下）
（デザインは変更される場合があります）

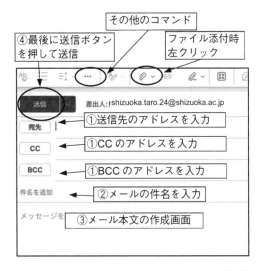

図 3-4　Outlook による電子メール作成画面（デザインの変更により配置が異なる場合があります）

① 宛先：送信したい相手の電子メールアドレスを入力します．英語では「To」です．すべて半角英数字で入力することに注意しましょう．電子メールアドレスを登録しておくと，メールアドレスそのものではなく，たとえば「静岡太郎のアドレス」のようなニックネームを利用できます．宛先には，複数のアドレスを指定することができます．その場合は，アドレスを入力後，Enter キーを押した後，続けて入力します．

　電子メールには，「CC」と「BCC」という送信先もよく使われます．「CC」（Carbon Copy）は，「写し」を意味し，参考までに知らせておくため同時に送信する相手の電子メールアドレスを入れます．また，「BCC」（Blind Carbon Copy）は，「宛先」と「CC」の人に知られずに送りたい相手の電子メールアドレスを入れます．なお，初期設定では，BCC は表示されません．図3-4 の「その他のコマンド」を左クリックすると図の右側のようなプルダウンメニューが現れますので，その中の「BCC を表示」を左クリックすると，BCC 先を入力できるようになります．

② 件名：メールのタイトルを記入します．送信先に内容を簡潔に伝えられるような件名にします．

③ メッセージ：メールの本文を記入します．作成中の電子メールは自動的に保存され，「下書き」フォルダに置かれます．途中で中断して，後に再び作成することができます．

④ 送信：最後に「送信」ボタンを左クリックして送信します．送信された電子メールは，「送信済みトレイ」に残ります．

■電子メールの受信

　Outlook を起動すると，新しい電子メールが自動的に受信され，「受信トレイ」に入ります．「受信トレイ」を左クリックすると，その内容が「フォルダ見出し」に表示されます．差出人，日付，件名などが表示されています．添付ファイルがある場合，クリップの絵柄のアイコンが表示され，さらに，本文にファイルの種類に応じたアイコンとファイル名が表示されます．

　「フォルダ見出し」内の電子メールを左クリックすると，その内容がメッセージペインに表示されます．「フォルダ見出し」にある電子メールをダブルクリックすると，そのメールが別のウインドウで起動します．件名の太字／細字の表示は，そのメールが未読／既読であることを示します．

　なお，受信した電子メールの中には，コンピュータウイルスを送りつけたり，詐欺的な行為を意図したりするものがありますので，十分注意する必要があります．

■電子メールの削除

　不要な電子メールを削除するには，図3-3 下の操作アイコン群から「削除」アイコンを左クリックし，「削除済みアイテム」フォルダに移動させます．「削除済みアイテム」フォルダからも削除することで不要なメールが完全に削除されます．そのためには，「削除済みアイテム」を右クリック→「フォルダーを空にする」を左クリックします．または，「削除済みアイテム」

を選択した後に「新規メール」の右側に現れる「ゴミ箱」アイコン（フォルダーを空にする）を左クリックします．

■電子メールの返信・転送

　受信した相手の電子メールを読み，その内容に返事を書いたり，転送したりしたいときは，図 3-3 中の「返信」，「全員に返信」あるいは「転送」アイコンを左クリックします．「返信」では差出人のみに，「全員に返信」では差出人が送った相手全員に返信することになります．また，「転送」は受信した電子メールを他のアドレスに送信する際に利用できます．

　「返信」あるいは「全員に返信」を選択すると，自動的に「宛先」には相手の電子メールアドレスが，「件名」には送られてきた相手の件名の先頭に「Re:」（Return）が付いて入力された新規の電子メールが作成されます．「転送」の場合，「件名」の先頭に「FW:」（Forward）がついた新規の電子メールが作成されます．

■ファイルの添付

　電子メールでは，手紙の同封のように各種ファイルを添付して送信することができます．しかし，ファイルにはさまざまな形式がありますので，相手が扱える形式であるかどうかよく確かめてから送信するように注意しましょう．また，容量の大きなファイルは先方が受信できないことがあります．送りたい資料の容量を確認し送信してください．

　まず，エクスプローラー等で添付したいファイルとその保存場所を確認しておきます．次に，上に述べた要領で電子メールの作成を行います．

　続いて，ツールバーのクリップの絵柄のアイコン（図 3-4 参照）を左クリックすると，添付ファイルを選択する画面が現れますので，目的のファイルを選択し，「開く」ボタンを左クリックします．ファイルの添付方法を尋ねてきますので，「コピーとして添付」選択します．作成中の電子メールを見ると，選択した添付ファイル名が表示されています．もしくは，添付したいファイルを，作成画面に直接ドロップすることでも添付できます．

3.2.3　連絡先の活用

　送信先の電子メールアドレスを住所録のように整理，保存しておけると便利です．そのための機能「連絡先」が備えられています．頻繁に送信する相手や，同じ内容を複数の相手に送信するときには，ニックネームをつけて登録しておくと，しばしば長くて入力ミスしやすい電子メールアドレスを入力せずに済むため便利です．

■連絡先の作成

① 図 3-3 の下方の「連絡先」を左クリックすると，図 3-5 のような「個人用の連絡先」の画面が表れます．

② ツールバーにある「新規作成」アイコンを左クリックします．

③ 図 3-6 のような連絡先入力画面が現れます．最低限入力すべき欄は「姓」，「名」および「電子メールアドレス」です．この 3 つを入力し，「OK」を左クリックします．

④ 図 3-5 のように作成された連絡先が表示されます.

図 3-5　「連絡先」ウインドウ（デザインは変更される場合があります）

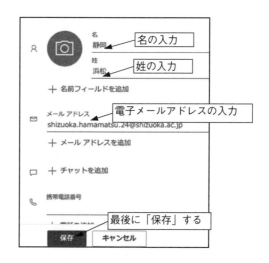

図 3-6　新しい連絡先の作成（「姓」,「名」および「電子メールアドレス」を入力）
（デザインの変更により配置が異なる場合があります）

■連絡先を利用した電子メールの作成

　作成した連絡先を新規の電子メールの作成時に利用するには, 連絡先を選択し, 図 3-5 の電子メールアイコンを左クリックします. すると, 新規の電子メールの画面が立ち上がります.

　電子メール作成後や返信や転送の際に連絡先を利用したい時は,「宛先」,「CC」あるいは

「BCC」アイコンを左クリックすると「連絡先」が現れますので，望みのアドレスをダブルクリックで選択し，上部の「保存」を左クリックして確定します．

3.2.4　パスワードについて

　静岡大学情報基盤センターのアカウントのパスワードは，重要な情報なので，その管理には十分注意してください．たとえば，安易に他人に教えたり，個人情報と結び付けられて類推されやすいものにしたりしないようにしましょう．たとえば，A〜Z，a〜z，0〜9 および記号をすべて含んでいて十分に長い，他人には容易に推測されない強固なものを設定しましょう．さらに，同じパスワードをさまざまなサービスで使い回すことも避けましょう．

　詳細については，静岡大学情報基盤センター学内専用ページ（URL: https://www.cii.shizuoka.ac.jp/in/）にある「02-パスワード再発行」や「03-パスワード変更」のページを参照してください．

3.2.5　その他の機能

　静岡大学情報基盤センターが利用している Microsoft 365 の電子メールシステムは，学内の PC だけでなく，個人所有のノート PC，タブレット端末やスマートフォンでも送受信が可能です．詳細については，静岡大学情報基盤センター学内専用ページにある「01-Microsoft 365」（URL: https://www.cii.shizuoka.ac.jp/in/）を参照してください．

3.2.6　ネチケット（Netiquette）

　ネチケットとは，ネットワーク（network）とエチケット（etiquette）を混成させた造語で，電子メールの書き方や電子掲示板の利用方法，他人の作成した著作物の引用などの，ネットワーク社会で求められるマナーやエチケットのことです．顔が見えない分，お互いが気持ちよくネットワークを利用できるようにすることが基本です．以下のホームページに詳しいので参照するとよいでしょう．

　https://www.cgh.ed.jp/netiquette/

3.2.7　インターネットブラウザによる Web 入門

　マイクロソフトでは，https://support.microsoft.com/ja-jp/microsoft-edge 上でインターネットブラウザの一つである Microsoft Edge の基本的な使い方について説明しています．なお，変更されることもよくありますので，接続できない場合は，3.3.3 節「World Wide Web を利用した情報検索」を参考に検索してみて下さい．

3.3　WWW（World Wide Web）

3.3.1　WWW

　WWW（World Wide Web, Web ともいう）とは，文字，画像，音声，動画などのデジタル情報をインターネット上の不特定多数に発信するためのシステムです．このシステムの特徴は，階層構造をもつことと，他のサーバマシンとの連関があることです．デジタル情報を発信する側のコンピュータを**サーバ**（マシン）といい，受ける側のコンピュータを**クライアント**（マシン），パソコン上に表示させて見るためのソフトを（WWW）**ブラウザ**（browser, 閲覧ソフトウェア）といいます．ブラウザは WWW サーバから送られてくる HTML ファイルを読み込んで，文字や画像などを表示させます．WWW で表示される最初の画面あるいはすべての画面をホームページといいます．ホームページは **HTML**（**Hyper Text Markup Language**）というテキストファイル形式で作成されているため，ワープロソフトを使ってホームページを作成することができます（Microsoft Word 98 以降では HTML 文書作成用のツールが充実しています．さらにデザイン性の高いホームページを作成するための，ホームページ作成専用のアプリケーションソフトも市販されています）．

　WWW のアドレスは，**URL**（**Uniform Resource Locator**）という規則に従って指定されています．たとえば，静岡大学の公式ホームページアドレスは，

　https://www.shizuoka.ac.jp/index.html

　プロトコル：//サーバマシン名．部門名．組織名．種別．国名／フォルダ名／ハイパーテキストファイル名の順で記述されています．

　プロトコル（**Protocol**）とは，データ通信を行うための通信規約のことで，http（Hyper Text Transfer Protocol），ftp（File Transfer Protocol），telnet（Telecommunication network）等があります．

　http：インターネットの WWW で使用する通信プロトコル．

　ftp：TCP／IP で接続されたコンピュータ間でファイル転送を行うためのプロトコル．

　telnet：TCP／IP 接続された遠隔地のマシンにログインして操作を可能にするサービス．

　TCP／IP：アメリカで研究機関や大学を集めたネットワーク用に開発されたプロトコル．

3.3.2　Google Chrome を使った WWW の閲覧

　パソコンでホームページを閲覧するには，ブラウザというソフトが必要です．ここでは，Google Chrome（以下 Chrome）を使って説明します（3.2.7 項の記述も参照してください）．
■Chrome の起動

　静岡大学情報基盤センターの端末で，「スタート」画面から「Chrome」アイコンを左クリックします．図 3-7 のように表示されます．また，デスクトップ上に学務情報システムのページに直接つながるアイコンがあり，ダブルクリックすると「学務情報システム」が表示されます．

図 3-7　Chrome の起動画面の例

■ツールバー

　メニューの中で頻繁に使用する機能がボタン化されています．左矢印アイコンは「**戻る**」で前に表示されたページへ戻る場合，右矢印アイコンは「**進む**」で次のページを表示する場合に使います．円弧の矢印アイコンは「**更新**」で表示されているページをすべて再読み込みします．

■アドレスバー

　現在表示中（読み込み中）の HTML ファイルの URL を表示します．また，検索用語を入力すると，google の検索機能により検索結果が表示されます．

■ステータスバー

　リンク先や接続状態を表示します（図 3-8）．

図 3-8　ウインドウ下部のステータスバー

3.3.3　World Wide Web を利用した情報検索

　インターネット上には膨大な情報が存在します．たとえば，ニュース，天気予報，各種統計資料，旅行に欠かせない現地情報，学会・研究発表会のプログラム，図書，映画，音楽，植物の名前，…皆さんがちょっと思いつくような事柄（情報）は必ず Web 上にあるといっても過言ではありません．それではこの膨大な情報の中からどうやって目的のページを探し出せばいい

のでしょうか.

■自分の知っているホームページからリンクをたどる方法

　情報の範囲が限られてしまいますが, 最新の情報が得られやすい利点があります. 日ごろから, お気に入りのホームページとして整理・分類しておくといいでしょう.

■情報検索サービス（ホームページ）を利用する方法

　膨大な量の情報がありますが, 未登録のホームページは探せません. 検索サービスを行っているホームページには次のようなものがあります.

・イエローページ系サービス

　ホームページを分野別に並べて, さらに細分されたリストを順に検索するホームページサービス. 分類項目をたどっていけば手軽に検索が可能です. しかし, ホームページを登録した人が考えた分類と情報を探したい人が考えた分類が必ずしも一致せず, 分類に迷ってしまうことがあります. 次のようなホームページが有名です.

　　Yahoo! JAPAN: https://www.yahoo.co.jp/

　　BIGLOBE サーチ: https://search.biglobe.ne.jp/

　　Excite: https://www.excite.co.jp/

　　Infoseek: https://www.infoseek.co.jp/

・WWW ロボット系サービス

　主に, 検索語を入力して関連したホームページを検索するホームページサービス. 検索対象のページが桁違いに多いため, 欲しい情報を探すには適切な語（キーワード）を入力し, 絞り込みをしていかないと目的のページが見つからない事もあります. 次のようなホームページが有名です.

　　Google: https://www.google.co.jp/

　　Goo: https://www.goo.ne.jp/

　　Bing: https://www.bing.com/

・その他の役に立つページ

　　静岡大学ホームページ: https://www.shizuoka.ac.jp/

　　静岡大学の学部や情報基盤センター, 図書館などの情報や, 受講科目の時間割やシラバス, 成績などを登録・参照できる学務情報システムなど, 静岡大学に関する多くの情報を得られる.

　　NACSIS Webcat Plus: http://webcatplus.nii.ac.jp/

　　全国の大学図書館等が所蔵する図書・雑誌の総合目録データベース

■検索に関する予備知識

　　リンク（**link**）: Web ページの中で他の Web ページの URL アドレスを記述して, そのページに移動できるようにすること. あるデータから他のデータを参照すること.

検索語：検索するときに入力する語.

マッチする：あるデータが検索結果としてふさわしいこと.

AND 検索：複数の語を入力したとき，すべての語を含む検索.

OR 検索：複数の語を入力したとき，いずれかの検索語を含む検索.

NOT 検索：入力した語を含まない.

部分一致／部分文字列で検索：入力した語を単語 1 つと見なさず，単語の一部とみなす.

前方一致で検索：入力した語を単語 1 つとみなさず，単語の先頭として検索すること.

絞り込み：検索結果が多すぎる場合，結果を対象にさらに検索を行うこと.

3.3.4　検索した情報の取得・整理方法

　ホームページを検索したときに，あとでゆっくりと見たい場合や資料として使いたい場合が出てくると思います. 検索したホームページ上の情報を取得し，整理するには，次のような方法があります.

■ファイルとして保存後，整理する方法

　必要な情報が掲載されている Web ページを表示し，指定したフォルダにファイルとしていったん保存し，ワープロソフトを起動して，ファイルを編集する方法です. 画面上で右クリックすると図 3-9 のようなサブメニューが表示されるので，「名前を付けて保存...」を選択し保存時します.

■コピーおよびペースト（貼り付け）で整理する方法

　必要な情報が掲載されている Web ページの必要な部分をコピーして，ワープロなどの文書に貼り付ける方法です. まず，ワープロソフトを起動して新規文書を作成中にします. そして，Web ページの必要な部分をマウスの左ボタンでドラッグして（色が反転する）範囲を指定したのち，サブメニュー（右クリックで表示）から「コピー」を選択します. つぎに，ワープロの新規文書上の適当な場所にマウスポインタを移動し，左クリックします. つぎに，右クリックすると，図 3-10 のようなサブメニューが表示されるので，「貼り付け（オプションについては，目的に応じて選択）」を選択すると，コピーした Web ページを貼り付けることができます. なお，「コピー」や「貼り付け」コマンドは，ほとんどのソフトウェアで，メニューバーの「編集」からも使用できます.

　以上のような作業を行えば，デジタルデータは容易にコピー，編集できるため，ややもすると自分のデータと区別できなくなってしまう可能性もあります.必ず，データの出所も記録し，個人利用の範囲を超える場合は，著作権法に抵触しないようにすることが重要です.

図3-9 webページ上のサブメニューの例 　　図3-10 ワープロ文書中のサブメニューの例

■画像ファイルの保存方法

　画像ファイルを保存したい場合は，マウスポインタを取り込みたい画像上に移動し，サブメニューから「名前を付けて画像を保存」を左クリックし，画像の保存先を指定し，画像ファイルとして保存します．

■画像のコピーおよびペースト

　画像を，ワープロなどで作成中の文書中に取り込む場合は，保存の場合と同様にマウスポインタを取り込みたい画像上に移動します．そこで右クリックし，サブメニューの「コピー」を左クリックし画像をコピーします．つぎに，作成中の文書の任意の場所を左クリックで指定し，つづいて右クリックし，サブメニューから「貼り付け（オプションについては目的に応じて選択）」を左クリックします．あるいは，メニューの「編集」から「貼り付け」を選択，左クリックします．

　先にも述べましたが，インターネット上のデジタルデータは容易にコピー，編集できるため，剽窃や盗用など，著作権法に抵触する行為は厳に慎むことを肝に銘じて下さい．

3.3.5 　情報の信ぴょう性

　インターネット上の情報には，しばしば粗悪であったり，無責任であったりするものがあります．これは，情報の発信源が特定されにくいというインターネットの特徴からくるものです．その情報の真偽を確かめぬままに行動することで不利益や周囲への迷惑になることがあります．

　情報の信ぴょう性を確認するためには，まずその情報の発信源を確認することが重要です．発信源が公的な機関であればほぼ安全ですが，聞いたこともないような発信源の場合には十分注意する必要があります．いずれにせよ，得られた情報の最終的な真偽の判断の責任は，受け

取った側にあることを理解する必要があります.

3.3.6 知的所有権の侵害の防止

コンピュータの使用が日常的になってきた現代社会では,文書のみならず,図,写真,音声,動画までがデジタル化され,容易にコピー,編集,やり取りができるようになってきました.ネットワークと大容量記憶装置の発達とともに,デジタルデータの知的所有権をいかに保護するかが大きな問題になっています.

■違法コピー

ソフトウェアやデータを作成者に許可なく複製し,使用する行為です.使用契約を厳守し,違法コピーしたものは絶対に使用しないことが肝要です.

■海賊版

有名な市販ソフトを違法コピーし,安価に販売する個人,業者がいるようです.犯罪行為ですので絶対に購入してはいけません.

■違法発信

正規に購入したデジタルデータ(各種データ,図,写真,音楽など)であっても,多くの場合その利用は個人レベルに限られています.また,ホームページ上のデジタルデータにも著作権があります.これらのデジタル情報を無許可で自分のホームページに掲載し発信することも著作権の侵害となります.通常の図書や新聞,雑誌,ビデオなどのアナログデータをデジタルデータに変換したものも同様です.

また,個人的なデータをその人の許可なくインターネット上に発信することも厳に慎まなければなりません.たとえ学生であっても,このような違法発信により,名誉毀損などの罪で逮捕され,新聞でも報道されるという事態になります.

3.3.7 インターネットによるトラブル・被害にあわないために

インターネットを利用する際には,自分の個人情報の詐取や金銭的被害などに巻き込まれないために細心の注意を払う必要があります.

インターネットによる被害には,次のようなものがあります.

- **不正アクセス**:他人のIDやパスワードを無断で利用して,不正にインターネットに入り込む行為.不正アクセス禁止法により禁じられています.
- **違法物販売**:偽ブランド品,複製音楽CDや市販ソフト(いわゆる海賊版)など違法な物品を販売する.販売のみが違法な場合や購入することも違法な場合もあります.
- **ネット上詐欺**:ネットオークションや無差別電子メールによる詐欺.電子メールの本文上のホームページアドレス上で相手をだますことが多い.ワンクリック詐欺(一回のクリックで不当な料金を請求)やフィッシング詐欺(偽りのホームページで個人情報を取得する)など年々巧妙化しているので,細心の注意が必要です.

・ ソーシャル・ネットワーキング・サービス（SNS）におけるトラブル：Facebook や X（旧
twitter）などの SNS が急速に普及していますが，それに伴いトラブルも急増しています．
SNS の仕組み，危険性，使用する際の倫理的問題を十分に理解して上手に利用する必要が
あります．

さらに詳しい情報を知りたい場合は，社団法人コンピュータソフトウェア著作権協会のホー
ムページ（https://www2.accsjp.or.jp/）を訪れてみてください．

<演習 3-1>　自分の専門，情報技術や知的所有権に関してお気に入りの Web ページを紹
介しよう．ただし，Web ページアドレスと写真やイラストを 1 枚は必ず挿入し，紹介文を
ワードで 1 ページ（A4）にまとめること．

<演習 3-2>　最近のネットワーク犯罪・迷惑行為の凶悪さには目を見張るものがありま
す．ネットワーク犯罪をキーワードとして Web ページを検索し，各自でその動向調査をし
てください．調査結果のレポートを「メモ帳」などのワープロで作成してください．

3.4　HTML を用いた Web ページの作成

Web ページは本の出版と同様に多くの人にその内容を公開できます．本の出版とちがって，
Web ページ公開は個人の自由意志で安価にできます．画像などを取り入れることによってビジ
ュアルで魅力的なページを作成できます．情報発信手段として強力な地歩を築きつつあり，大
きな可能性を秘めているといえます．本節ではこのような Web ページの基本的な作成方法を学
びます．

3.4.1　Web ページの作成方法～HTML の基礎～

Web ページの作成方法として，1) HTML を作成・編集する，2) Web ページ作成用のアプリ
ケーションソフトを用いる，3) JAVA やスクリプト言語（JAVA スクリプトなど）を用いる，
などやこれらを組み合わせた方法があります．1) の HTML は Web ページ作成の原点と基本で
す．2) の方法では簡単に Web ページが作成できます．3) の方法を用いると表現力豊かな動的
なページが作成できます．ここでは，Web ページ作成の基本である，1) の HTML の作成・編集
の基礎を学習することにします．

Web ページは多くの人に内容を公開するので，本の出版と同様な性格をもっています．プラ
イバシーの保護が必要です（3.3.6 節参照のこと）．自己紹介などのページには「自宅住所」，
「電話番号」，「生年月日」を載せないように心がけましょう．また，他人の作成した内容を
許可なくそのまま載せることは著作権に触れます．作成したページを実際に公開するときは，
プライバシーの保護と著作権の抵触に関しては注意深く吟味する必要があります．すなわち，
オリジナルなページの作成が求められます．この面からも，Web ページ作成は相当難しいとい

えます.

　ここでは作成したWebページの公開を前提とせずに，Webページ作成技法の習得とその機能を理解することを目的としています．Webページ作成を学習する容易さを優先して，学習段階のWebページを作成することにし，著作権を厳密に考慮することまで行いません．作成したページを公開する場合は著作権に抵触しないよう吟味する必要があることに注意して下さい.

3.4.2　タグによるWebページの記述

　HTMLのソースコード例をList3-1に示します．HTMLによるソースコードの記述はタグによって行います．その記述の形式は原則として

　　　<TAG>テキスト</TAG>

です．<TAG>が開始を，</TAG>が終了を示します．タグに挟まれたテキストがそのタグの影響を受けます．終了タグを付け忘れると影響が他のテキストまで及びます．次に最も基本的なタグを説明します（List3-1参照）.

List3-1　HTMLのソースコード例

```
<HTML>
<HEAD>
  <TITLE>自己紹介</TITLE>
</HEAD>
  <BODY>
  私の名前は静岡太郎です.  <BR>
  情報処理を学習してします.  <BR>
  </BODY>
</HTML>
```

　<HTML>～</HTML> HTML自身を示すタグです.

　<HEAD>～</HEAD> ブラウザには表示されない情報，たとえば制作者や日付等の情報を書くためのタグです.

　<TITLE>～</TITLE> タイトルを表示するためのタグ．HEAD部に挿入します.

　<BODY>～</BODY> HTMLの内容を書く部分で，ブラウザに表示されます.

　
 改行をしたいところに入れるタグです.

　タグは入れ子（タグの中に別なタグを用いること）で用いられることが多くあります．複数行にわたる入れ子タグの場合，字下げ（空白を開けること）を用いるとタグの範囲を明確に示すことができ，ソースコードが読みやすくなります．タグ間の文字以外の空白は読み飛ばされて表示されません．字下げの技法を身につけましょう.

3.4.3　HTMLによるWebページの書き方といくつかの例題

　HTMLによるソースコードはテキストエディタを用いて書きます．ここではテキストエディタとして「メモ帳」（2.7.1節参照）を用います．HTMLのソースコードの保存はファイル名，たとえばreidai.htmで保存します．拡張子はhtmもしくはhtmlとします．ソースコードの実行はエクスプローラでダブルクリックして行います．ブラウザが立ち上がり，結果が表示されます．エクスプローラは立ち上げた状態にしておくと都合がよいでしょう．ソースコードの修正した結果を見たいときは，再読み込みのアイコンを左クリックするか，ブラウザの画面上で右クリックして，「再読み込み」をクリックします．

　＜例題1＞　文字の大きさと色（List3-2）：表3-1を参考にして，List3-1の文字の大きさ，文字の色や背景色を変えなさい．結果は図3-11のようになる．

表 3-1　色指定と 16 進数表示

色	色指定	16 進数
黒色	black	#000000
緑色	green	#008000
銀色	silver	#C0C0C0
明るい緑	lime	#00ff00
灰色	gray	#808080
黄土色	olive	#808000
黄色	yellow	#FFFF00
白色	white	#ffffff
暗い赤	maroon	#800000
紺色	navy	#000080
赤色	red	#FF0000
青色	blue	#0000FF
紫色	purple	#800080

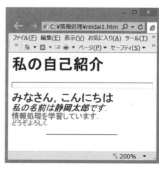

図 3-11　例題 1 のブラウザ画面

List3-2　reidai1.htm のソースコード（▒▒▒ の部分は List3-1 と同じ）

```
<HTML>
    <HEAD>
        <TITLE>自己紹介</TITLE>
    </HEAD>
    <BODY BGCOLOR="white">
        <H1>私の自己紹介</H1>
            <HR SIZE="10">
            <FONT SIZE=5><B>みなさん，こんにちは</B></FONT><BR>
            <FONT SIZE=4><I>私の名前は<B>静岡太郎</B>です．</I></FONT><BR>
            <FONT SIZE=3 COLOR="blue">情報処理を学習しています．</FONT><BR>
            <FONT SIZE=2 COLOR="#FF0000">どうぞよろしく．</FONT><P>
            <HR WIDTH="50%">
    </BODY>
</HTML>
```

■List3-2の解説

<H1>～</H1> 上下にスペースができ，強調される．大きさの指定は<H1>が最大．

<FONT SIZE="数字"> 1からだんだん大きくなっていく．サイズを指定しない場合は3．

<FONT COLOR="#16進数"> 色は16進数で表し，2桁の16進数が3個並び，RGB（Red, Green, Blue）で表記される．具体例は表3-1を参照．

<B>～</B> 強調する（Bold）．

<I>～</I> イタリック．

<P> 段落＝改行＋空白行　続けて挿入しても空白行は増えない．

<HR SIZE="数字">　飾り線を入れる．最小値は1．数字が増えると太くなる．

<HR WIDTH="50%"> 幅50％の飾り線．

<BODY BGCOLOR="#16進数">　背景の色．

<例題2>　リストの学習（List3-3）：List3-2で，内容を自分の氏名，趣味および近況に置き換えて「私の自己紹介」ページを作成しなさい．結果は図3-12．

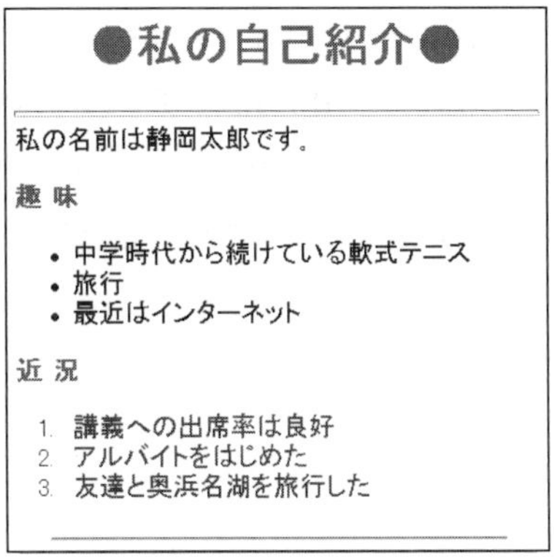

図 3-12　例題 2 のブラウザ画面

List3-3　reidai2.htmのソースコード（░░░の部分はList3-1と同じ）

```
<HTML>
  <HEAD>
    <TITLE>私の自己紹介</TITLE>
  </HEAD>
  <BODY BGCOLOR="#FFFFFF">
    <CENTER>
    <FONT COLOR="#FF0000"><H1>●私の自己紹介●</H1></FONT>
    </CENTER>
    <HR SIZE=5>
    <FONT SIZE=4>私の名前は静岡太郎です．</FONT><P>
    <FONT SIZE=4 COLOR="#FF0000"><B>趣　味</B></FONT>
    <UL>
      <LI><FONT SIZE=4 >中学時代から続けている軟式テニス</FONT>
      <LI><FONT SIZE=4 >旅行</FONT>
      <LI><FONT SIZE=4 >最近はインターネット</FONT>
    </UL>
    < FONT SIZE=4 COLOR="#FF0000"><B>近　況</B></FONT>
    <OL>
      <LI><FONT SIZE=4 COLOR=blue>講義への出席率は良好</FONT>
      <LI><FONT SIZE=4 COLOR=blue>アルバイトをはじめた</FONT>
      <LI><FONT SIZE=4 COLOR="#00FFFF">友達と奥浜名湖を旅行した</FONT>
    </OL>
    <HR WIDTH=500>
  </BODY>
</HTML>
```

■List3-3の解説

　<CENTER>～</CENTER>　センタリング．

　<UL>～</UL>　<LI>　番号なしリスト．この中に<LI>タグを使用して，各項目を書く．マークは普通「disc（●）」だが，「circle（○）」「square（□）」も指定できる．

　<UL TYPE="circle">　マークは○

　<OL>～</OL><LI>　番号の付いたリスト．この中に<LI>タグを使用して，各項目を書く．番号は普通「1」だが，「A」（A, B, C…），「a」（a, b, c…），「Ⅰ」や「i」も指定できる．　開始する番号の指定もできる．

　<OL TYPE="A">番号はA, B, C.

＜例題3＞　数行にわたる文書の整形（List3-4）．結果は図3-13．

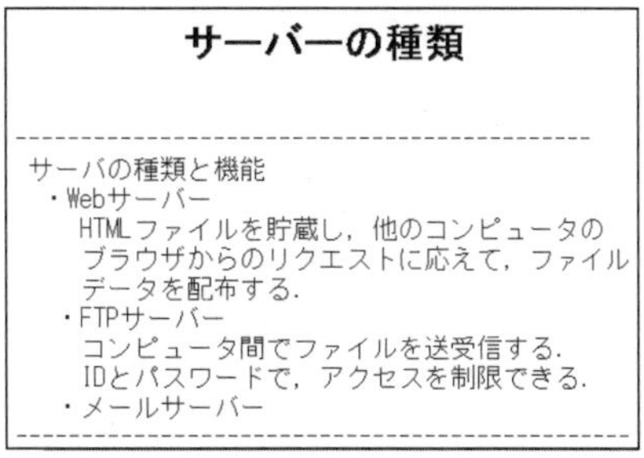

サーバーの種類

```
---------------------------------------------
サーバの種類と機能
 ・Webサーバー
   HTMLファイルを貯蔵し，他のコンピュータの
   ブラウザからのリクエストに応えて，ファイル
   データを配布する．
 ・FTPサーバー
   コンピュータ間でファイルを送受信する．
   IDとパスワードで，アクセスを制限できる．
 ・メールサーバー
---------------------------------------------
```

図 3-13　例題 3 のブラウザ画面

List3-4　reidai3.htmのソースコード

```
<HTML>
  <HEAD>
      <TITLE>文書の整形</TITLE>
  </HEAD>
  <BODY BGCOLOR="white">
      <CENTER>
              <H2>サーバの種類</H2>
      </CENTER>
      <FONT SIZE=4 >
      <PRE>
<!-- この次の行から，ソースがそのままにブラウザに表示されます.
      字下げをしないで書く必要があります. -->
---------------------------------------------------------------------------
サーバの種類と機能
 ・Webサーバ
   HTMLファイルを貯蔵し，他のコンピュータの
   ブラウザからのリクエストに応えて，ファイル
   データを配布する．
 ・FTPサーバ
   コンピュータ間でファイルを送受信する．
   IDとパスワードで，アクセスを制限できる．
 ・メールサーバ
---------------------------------------------------------------------------
      </PRE>
      </FONT>
  </BODY>
</HTML>
```

■List3-4の解説

　<PRE>～</PRE>　PREタグに囲まれている文章は，改行や空白も含めてそのまま表示される．整形された長い文章を表示したいときに用いると便利である．

　<!--　-->　で囲まれた文章は，ブラウザに表示されません．プログラムのコメントなどを書き記すときに使用します．

3.4.4　静止画像の表示

　画像を Web ページに取り入れると，表現力に富んだページが得られます．画像はコンピュータではデジタル化され，Windows OS では BMP ファイルに変換されています．しかし BMP 形式はファイル容量が大きく，Web ページでの画像表示に時間を要するなどして不都合です．そのため写真（カラー静止画像）は JPEG 形式（ジェイペグ，拡張子は jpg），イラストは GIF 形式（ジフ，拡張子は gif）に 1/3 から 1/20 程圧縮したものを用いています．GIF 形式は 256 色ですが，JPEG 形式はフルカラー（1667万色）が可能です．イラスト図は同じ色の面積が広いので，大きく圧縮しても鮮明さは保たれます．

　デジタルカメラを使用すれば，圧縮されたデジタル画像（JPEG）を得ることができます．「Web ページ」に画像を載せるとき，表示に時間を要することを考慮して，作成段階から画像ファイルの容量が大きくならないように工夫するとよいでしょう．

　＜例題4＞　静止画像の表示（List3-5）：ゆりのイラスト（図3-14）は所定のフォルダからコピーして使用してください．

図3-14　例題4のブラウザ画面

List3-5　reidai4.htmのソースコード

```
<HTML>
  <BODY BGCOLOR="white">
     <IMG SRC="img/yuri1.gif" ALT="ゆりのイラスト">ゆり
  </BODY>
</HTML>
```

■List3-5の解説

　<IMG>　画像を表示するタグ，SRCはURLの指定，"img/yuri1.gif"　フォルダimgの中のyuri1.gifを指定，ALT="ゆりのイラスト"　画像を表示出来ない場合のコメントです．

　画像を表示させるためには，画像を収納するフォルダimgを作成し，画像ファイルを所定の共通フォルダから以下のようにimgフォルダにコピーする必要があります．

　　①自分のフォルダの中にフォルダimgの作成

エクスプローラを開き，マウスポインタを自分のフォルダ上におく→ファイル(<u>F</u>)→新

規作成(<u>N</u>)→フォルダ(<u>F</u>)を選択→新しいフォルダの名前をimgに変更

②所定の共通フォルダ(<u>Y</u>)に入り，コピーするファイルを選択

エクスプローラで共通フォルダ(<u>Y</u>)をクリック→ファイルを選択（$\boxed{\text{Ctrl}}$ キーを押したま

まで選択すれば複数選択可能）→編集(<u>E</u>)→コピー(<u>C</u>)を選択

③選択したファイルを自分のフォルダに貼り付け

エクスプローラでimgフォルダをクリック→編集(<u>E</u>)→貼り付け(<u>P</u>)を選択

＜例題5＞　画像サイズと文字の位置合わせ（List3-6）を実施してみてください．

List3-6　reidai5.htmのソースコード

```
<HTML>
<BODY BGCOLOR="white">
<IMG SRC="img/tanpopo.gif" ALIGN="top">たんぽぽ
  <BR><BR>
  <IMG SRC="img/yuri.gif" ALIGN="middle" BORDER="3">ゆり
  <BR><BR>
  <IMG SRC="img/yuri.gif" WIDTH="150" HEIGHT="300">ゆり
</BODY>
</HTML>
```

■List3-6の解説

<IMG SRC="" ALIGN="位置"> イメージに対するテキスト（一行のみ）の位置を指定．top・
middle・bottomが指定できる．指定がない場合はbottom．

<IMG SRC="" WIDTH="幅" HEIGHT="高さ"> 幅は，ピクセル数またはパーセントで指定.
ここで指定した幅にイメージサイズをあわせることができます．

<IMG SRC="" BORDER="枠の太さ"> イメージに枠をつけます．

■画像ソフト「ペイント」の紹介

付属のソフトウェア「ペイント」を使うと，画像の回転，必要部分の切り抜き（トリミング），
ファイル保存の際BMPからJPEGへの変換，画像の中への文章の挿入などが可能です．

3.4.5　リンク

Webページはハイパーテキストと呼ばれ，その最も重要な機能として「リンク」があります．
ページ内の特定部分と他のページの情報を関連づけることをリンクの形成といいます．関連す
るページ（情報）をさらに関連づけることにより，連想的表現を実現できます．連想は人間の
基本的な思考形態であり，このことがWebページの魅力の一要因になっているといえます．

<例題6> リンク（List3-7）：今までに作成
した「自己紹介のページ」や「私の調べ学習」
（演習3-3参照），「お気に入りのページ」など
にリンクする「私のWebページ」を作成しなさ
い．結果は図3-15のようになります．

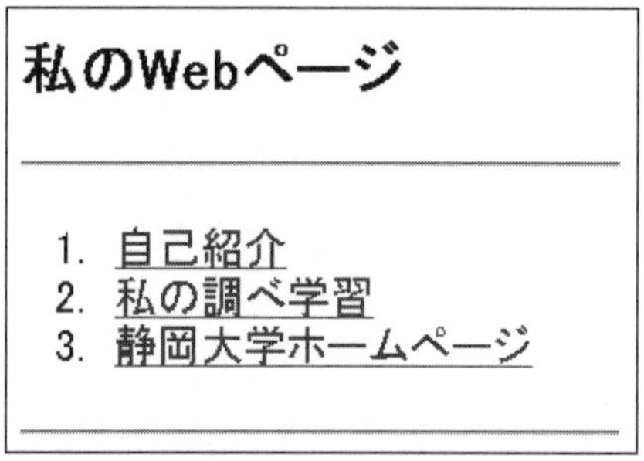

```
私のWebページ
─────────────────
 1. 自己紹介
 2. 私の調べ学習
 3. 静岡大学ホームページ
─────────────────
```

図3-15　例題6のブラウザ画面

List3-7　reidai6.htmのソースコード

```
<HTML>
<HEAD>
<TITLE>私のWebページ</TITLE>
</HEAD>
<BODY>
<H2>私のWebページ</H2>
<HR SIZE=2>
<FONT SIZE=4>
<OL>
   <LI> <A HREF="reidai2.htm">自己紹介</A>
   <LI> <A HREF="study1.htm">私の調べ学習</A>
   <LI> <A HREF="https://www.shizuoka.ac.jp" > 静岡大学ホームページ</A>
</OL></FONT>
<HR SIZE=2>
</BODY>
</HTML>
```

■List3-7の解説

<A HREF="URL">....</A> リンクを形成する（Anchor: アンカー）タグ．文字列やイメ
ージを挟み，リンクを作成する．HREF（Hypertext Reference）属性をもち，URLで指定した
Webページにリンクします．このタグに挟まれた文書をホットテキストと呼び，リンクが形成
されていることが判別できるように識別されます．

<演習3-3> 次のテーマから1つ選択し，調べ学習を行い，「私の調べ学習」のページを
作成し，「私のWebページ」にリンクしなさい．作成にあたって画像を3枚以上組み込み，
複数のページにまとめましょう．また，本やWebページを参照，引用した場合は，ページ
の末尾もしくは専用のページにWebページアドレスも含めた引用文献を明記しなさい．な
お「趣味のページ」作成は調べ学習のページとしては望ましくないので避けてください．
　①自分の所属する学科の専門に係わるテーマ

②ハードウェア

③ソフトウェア

④インターネット

⑤インターネットウイルス

⑥Webページにおけるプライバシーの保護と著作権

＜演習3-4＞　お気に入りの Web ページアドレスと簡単な解説からなるリンク集のページを作成し，「私の Web ページ」にリンクしなさい．

第4章　Word による文書作成入門

4.1　Word の基本操作

　第 2 章では「メモ帳」を使って簡単な文書の作成を行いました．パソコンの操作に慣れてくると，さらに見栄えのする文書を作成してみたくなります．ワードプロセッサ（ワープロ）ソフトは，修正やパソコンで作成した図の貼り込みなどが容易に行えるため，論文作成などにたいへん便利です．

　ここでは，最も広く使われている日本語ワープロの 1 つである「Microsoft Word2021 日本語版（略して Word）」を使った文書作成法について説明します．Word はもともと英文ワープロとして誕生しましたが，Windows の日本語化と同じ時期に日本語対応になり，瞬く間に日本におけるスタンダードワープロとしての地位を確立しました．コンピュータへの文字入力はタイプライタを手本にしているため，パソコンはタイプライタからキーボードを受け継ぎました．ワープロは，リターン（改行）とタブ（位置合わせ）を受け継いでいます．

4.1.1　Word の起動

　Word は，スタート画面にある「Word2021」のタイルをクリックして起動します．最初の画面で「白紙の文章」をクリックします．画面には空白の文書が表示され，左上に I 型カーソル " I " が点滅し，文章の入力待ちの状態になります（図 4-1）．

4.1.2　Word の画面構成

　文字を入力する前に，各種メニュー，ボタン，その他のツールを説明します．Windows 上で動作するソフトの作業画面（ウインドウ）は共通化がはかられており，基本操作もほぼ同じです．ウインドウの構成は，タイトルバー，タブ，リボン，ステータスバーなどです（図 4-1）．
■タイトルバー

　実行中のアプリケーションの名前と作業中のファイルの名前を表示します．ここでは，アプリケーション名「Word」と，ファイル名「文書 1」が表示されています．右端の 5 つのボタンは，それぞれ，「Microsoft Word のヘルプ」，「リボンの表示オプション」，アクティブウインドウの［最小化］，［最大化］，［閉じる］ボタンです．
■リボン

　リボンはタブ，グループ，コマンドで構成されます．タブをクリックすることで，機能別に表示されるグループの中から必要なコマンドを選ぶことができます．マウスを使わずに，[Alt]

キーを押すと表示される，タブ名の下のアルファベット（たとえば［ホーム H］）を直接キーボードから入力するとコマンドボタン付近に表示されるようになるアルファベットや数字（たとえば［太字 1］）をつづけて入力することでコマンドを実行することもできます．

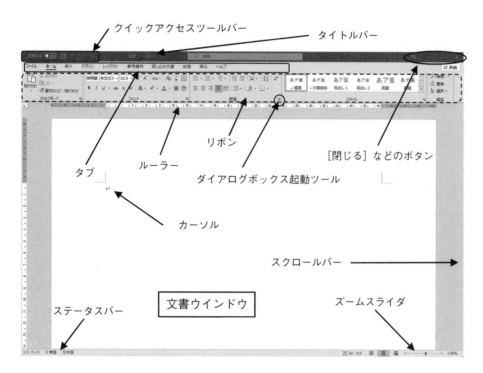

図 4-1　Microsoft Word2021 の画面構成

■ダイアログボックス起動ツール

　グループに関連するコマンドの詳細を設定できるダイアログボックスを表示できます．

■ステータスバー

　作業中の文書の情報やカーソルの位置などが表示されます．

■ルーラー

　ページの余白，タブやインデントの位置など文書のレイアウトを確認するための定規です．

■スクロールバー

　現在作業中の文書で画面に表示されていない部分を表示させるときに使います．時間をおくと隠れてしまいますが，マウスを動かすと現れます．

■クイックアクセスツールバー

　頻繁に使用するコマンドボタンが配置されています．ユーザは自由に構成を変更できます．

■ズームスライダ

　作業中の文書の表示倍率を変更できます．

4.1.3　コマンドボタンのユーザ設定

　クイックアクセスツールバーには，標準のコマンドボタンが配置されています．ここへのコマンドボタンの追加や削除は次のように行います．

　リボンを利用する方法では，はじめにリボンの関連するタブまたはグループをクリックして目的のコマンドボタンを表示します．次に目的のコマンドボタン上で右クリックし，［クイックアクセスツールバーに追加］をクリックします．また，クイックアクセスツールバーから不要のコマンドボタンを削除する場合は，クイックアクセスツールバー上の目的のコマンドボタンを右クリックし，［クイックアクセスツールバーから削除］をクリックします．

　ダイアログボックスを利用する方法では，［クイックアクセスツールバー］右端の▾をクリック→［その他のコマンド］をクリック→［Word のオプション］を表示します．次にコマンドを追加する場合は，［コマンドの選択］から目的のコマンドに対応する一覧を選択→追加したいコマンドをクリック→［追加］をクリックします．不要のコマンドを削除する場合は，目的のコマンドをクリックして［削除］をクリックします．また，クイックアクセスツールバー上でのコマンドの順序変更は，目的のコマンドをクリックした後，［Word のオプション］ボックス右に配置されている上下の矢印（図 4-2）をクリックすることで行います．最後に［OK］をクリックします．

図 4-2　コマンドボタンのユーザ設定

　＜演習 4-1＞［校閲］タブの［比較］グループにあるコマンド［⊞⊞　比較...］を，クイックアクセスツールバーに追加せよ．

　Word を終了させるには，［ファイル］タブをクリックし，［閉じる］をクリックします．あるいは，右上角の閉じるボタン「×」をクリックします．このとき，文章変更や，新しく作成した場合には，保存するかどうかを聞かれます．保存しない場合は「いいえ」ボタンを，保存する場合は「はい」ボタンをクリックします．

4.2　文章の作成と編集

4.2.1　文書に文字列を入力する

　Word による入力作業は，「メモ帳」のときとほぼ同じです．画面上に点滅するカーソル位置が入力位置です．カーソルが行末に達すると自動的に次の行に移ります． Enter キーは段落を変えるときに押します．段落内での改行は Shift ＋ Enter キーを使います．

■カーソルの移動

　カーソル位置を移動させるには，移動先をクリックします．また，ウインドウ右端と下端にあるスクロールバーをマウスでドラッグ，あるいは，矢印をクリックすることにより移動します．キーボードからも，上下左右4つの方向キー， Page Up／Down キー， End キー， Home キーを使って移動します．

■操作の中断

　現在行っている操作を中止したい場合は，操作ボタンをもう一度クリックするか， Esc キーを押します．

■操作の取り消し

　単語を間違えて削除してしまった時や，作業をやり直したい場合，クイックアクセスツールバーの「元に戻す」ボタンをクリックすれば，作業前の状態に戻ります．「元に戻す」操作を取り消すには，「やり直し」ボタンをクリックします．

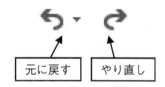

■文字列の上書き

　初期設定では，文字列の入力は挿入モードになっています．キーボードの Insert キーを押すと，ステータスバー上の「挿入モード」の表示が「上書きモード」と変更され，入力済みの文字列を上書きできるようになります．

■文字列の範囲指定

　文書の一部を移動，複写，削除，書式設定（変更）したい場合は，まずその範囲を指定する必要があります．たとえば，字体（フォント）や大きさ（サイズ）を変えたり，スタイルを変えて太字にしたり下線をつけたりする場合は，まず文字列を選択して反転表示させ，変更する文字列を指定します．範囲指定をするのによく使われるのは，次の2つの方法です．

①せまい範囲指定

　　範囲指定したい文字列をドラッグ選択する．マウスボタンを離したあとでさらに後ろの部分を追加選択するときは Shift キーを押しながら終りの位置をクリック／ドラッグするか，または Shift + ← → で移動する．

②ひろい範囲指定

　　　最初の位置をクリック／ドラッグして，一旦マウスから手を離し，スクロールバーで最後の位置に移動したら終りの位置を Shift キーを押しながらもう一度クリック／ドラッグするか，または Shift + ← → で移動する．

4.2.2　その他の範囲指定のしかた

単語（同じ種類の文字列）を選択する
その単語をダブルクリックする

1つの文（「。」や「．」で区切られた範囲）を選択する
Ctrl キーを押しながら，その文をクリックする

1行を選択する
その行の左側にある空白（選択領域）をクリックする

複数行を選択する
行の左側にある選択領域を上下にドラッグする

段落を選択する
　段落の左側の選択領域をダブルクリックすると，その段落全体を選択することができる．あるいは，その段落中の文字をトリプルクリックする

矩形に範囲を選択する
Alt キーを押しながら，長方形にドラッグする

オブジェクトや図を選択する
　その上でクリックする．オブジェクトや図に選択ハンドル（四隅と側面の小さな四角形）が表示される

■文字列の移動またはコピー

　文書内のあまり離れていない場所への文字列の移動は，文字列を選択してからポイントし，マウスポインタが矢印の形に変わったら左ボタンをクリックしたまま，マウスポインタを移動先にドラッグし，マウスボタンを離します（ドラッグアンドドロップ）．文字列をコピーするには，文字列を選択してからポイントし，マウスポインタが矢印の形に変わったら左ボタンをクリックした状態で，Ctrl キーを押し，そのまま，マウスポインタを移動先にドラッグし，マウスボタンを離し，Ctrl キーを離します．

■ショートカットキー

　頻繁に行う作業を数個のキー操作の組み合わせで，簡単かつすばやく行うことができます．たとえば，文字列を選択して Ctrl キーを押しながら B キーを押すと，選択した文字列を太字（ボールド）にすることができます（どのようなショートカットキーがあるか，後述するヘルプを使って，調べてみましょう）．

■文字列の検索と置換

　文書中の文字列を検索するには，［ホーム］タブをクリック→［編集］グループの［検索］の右に表示されている［▼］をクリック→［高度な検索］をクリック→［検索と置換］ダイアログボックスの検索画面で検索する文字列を入力します．また，検索する文字列を別の文字列に置換するには，［ホーム］タブ→［編集］グループの［置換］をクリックして，置換画面で「検索する文字列」と「置換後の文字列」を入力して，［次を検索］をクリックします．検索した文字列が正しければ，［置換］をクリックして置換します．［すべて置換］をクリックすると確認なしに文書内のすべての置換を行います．［検索］と［置換］は一度に多くの修正ができるだけでなく，非常に応用範囲の広い機能です．図 4-3 の画面は「、」を「，」に置換するための指示です．

図 4-3　文字列の検索と置換

■ファイルの挿入

　現在編集中の文書に，他のファイルを挿入するには，リボンの［挿入］タブをクリック→［テキスト］グループの［オブジェクト］の右に表示されている［▼］をクリック→［ファイルからテキスト］をクリックして，挿入するファイル名を入力します．

　＜演習 4-2＞　次の文章を入力せよ．入力したら，自分のフォルダにファイル名"演習 4-2"として保存しなさい．

━ ■ ━ ■ ━ ■ ━ ■ ━ ■ ━ ■ ━ ■ ━ ■ ━ ■ ━ ■ ━ ■ ━ ■ ━ ■ ━ ■ ━ ■ ━ ■ ━ ■ ━ ■ ━

　イギリスの人々の食生活では，紅茶は欠かせません．また，日本人にはあまりなじみがありませんが，ポリッジというヨーロッパ風おかゆも好まれます．一般には，普段の食事は簡素なものが多いようです．
　ヨーロッパ大陸（ドイツ，フランス，スイスなど）の朝食ではパンとバターそれにコーヒー程度ですませますが，イギリス風の朝食は非常に質量が豊富なことで有名です．典型的な朝食は，オートミール(oatmeal)のかゆ，つまりポリッジ(porridge)か，コーンフレーク(cornflakes)が出されます．ふつうは牛乳と砂糖をかけて食べますが，スコットランド人にはポリッジを牛乳と塩で食べる習慣があります．
　そのあとはトースト（toast）にバターを塗り，さらにその上からジャムかマーマレードを塗

って1枚か2枚食べ，牛乳のたっぷり入った紅茶を飲みます．このほかハム・エッグ（ham and egg）かベーコン・エッグ（bacon and egg）などの卵料理や，バター焼きにしたタラ（haddock）を出すところもあります．

　イギリスでは卵だけを料理したものを食べることは少なく，ハム，ソーセージ，ベーコンなどを添えます．アメリカでは，朝食に卵だけを，

目玉焼き（sunny-side up）
落し卵（poached egg）
いり卵（scrambled egg）
ゆで卵（boiled egg）

> 段落の途中で改行するには，Shift + Enter を使います．

のどれかで食べる人が多いようです．食後には，果物．飲み物は，コーヒー，ココア，ジュース．子どもたちはミルクを飲むことが多いようです．

ここで，よく使うキー入力をまとめておきます．

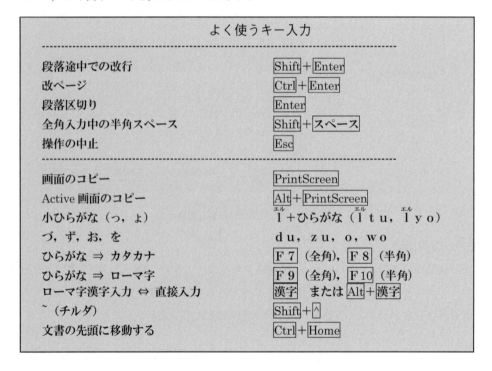

よく使うキー入力

段落途中での改行	Shift + Enter
改ページ	Ctrl + Enter
段落区切り	Enter
全角入力中の半角スペース	Shift + スペース
操作の中止	Esc
画面のコピー	PrintScreen
Active 画面のコピー	Alt + PrintScreen
小ひらがな（っ，ょ）	l + ひらがな（l tu, l yo）
づ，ず，お，を	du, zu, o, wo
ひらがな ⇒ カタカナ	F 7（全角），F 8（半角）
ひらがな ⇒ ローマ字	F 9（全角），F 10（半角）
ローマ字漢字入力 ⇔ 直接入力	漢字 または Alt + 漢字
~（チルダ）	Shift + ^
文書の先頭に移動する	Ctrl + Home

これら以外にも多くのキー入力がありますから，ヘルプを使って，調べてみましょう．

4.2.3　オートコレクト

　Word には，初期設定（Default）でたくさんのオートコレクト機能が設定されています．まずは，以下の演習を行ってみましょう．

　＜演習4-3＞　次の文字を入力せよ．
　　　　　a 1st 2nd 3rd 4th 10th

演習 4-3 の文字列をそのままタイプすると Word が自動的に変換して「A 1st 2nd 3rd 4th 10th」となってしまいます．これがオートコレクト機能です．タイプしたままを表示したい場合には，［元に戻す］ボタン↶を使い，「A ↶1st ↶2nd ↶3rd ↶4th ↶10th↶」とタイプするとうまくいきます．その位置にカーソルを移動し↶を入力します．

オートコレクト機能には便利なものもありますが，初心者にとっては解除する方法がわからなくて混乱を招く場合も多く，かえって効率的な作業の妨げになることもあります．そのため，これらの機能は俗に「おせっかい機能」と呼ばれることもあります．不要なオートコレクトは，図 4-4 のように，［ファイル］タブ→［オプション］→［文章校正］→［オートコレクトのオプション］をクリックしてオートコレクトのダイアログボックスを開きます．次に［入力オートフォーマット］タブをクリックして目的の機能のチェックをはずすことにより，解除することができます．

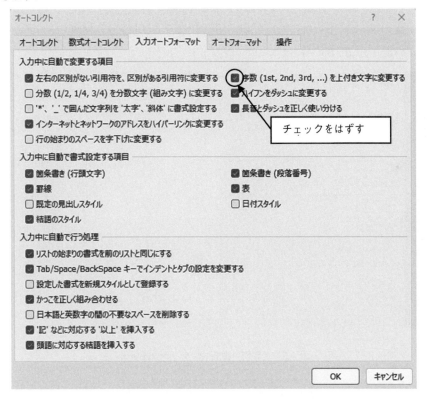

図 4-4　オートコレクトの解除

4.2.4　文書の印刷と保存

授業で文書を印刷するときは，次の点に注意してください．

① 出力する文書の先頭に自分の学籍番号と名前を大きく入力する（同じような出力がいくつも出てきたときに，誰の出力かわかるようにするためです）．

② ［印刷］画面で，自分の実習室のプリンタ名を選択する（図 4-5）．

③ ［印刷］画面の［印刷範囲］で，印刷するページあるいは印刷する部分を指定する．

④ しばらく待っても出力されない場合，もう一度印刷を繰り返す前に，他の実習室に出力されていないかあるいは［印刷］画面の設定が間違っていないかを確認する．待ちきれずにもう一度「印刷」を押すと，さらに同じものが出力されてしまうことがあるので，注意して下さい．

4.2.5　プリンタの選択と印刷

各実習室には，数台のプリンタが設置されています．それぞれにプリンタ名がついていますので，印刷するときはどのプリンタに出力するのかを確かめ，［印刷］画面（図 4-5）でプリンタ名を指定します．もしも，しばらく待っても印刷されない場合は，印刷する前にもう一度プリンタの指定が正しいかどうかよく確かめてください．（プリンタ名は，実習室により最初の文字が A から I で，その後にモノクロプリンタ，カラープリンタ，複数台あるところでは，さらにその後に 1，2，3 の番号がついています．）

図 4-5　［印刷］画面 と プリンタ選択メニュー

4.2.6　文書の保存

作成した文書は，USB メモリやハードディスクなどに保存します．サーバのハードディスク上で，個人のファイルを保存できるのは，Z：自分の「ユーザ ID」のついたフォルダ内だけです．この［名前を付けて保存］画面で「保存先」とは，作成した文書ファイルを保存するフォルダのことで，新たに作成することもできます．「ファイルの種類」とは，保存可能なファイル形式のことで，以前のバージョンの Word 形式のほかに，PDF 形式，テキスト形式，html 形

式などに変換して保存することができます. 用途にあわせて適切な形式を選んでファイルを保存します. ここでは, 演習 4-2 で作成したファイルを, テキストファイル（書式なし, *.txt）で保存してみましょう. 演習 4-2.txt のファイルが作成されたことを確認してください.

■ツリー（階層）構造

　ファイルの収納構造を机に例えると, 机の一番上にあたるのが, 「デスクトップ」です. デスクトップの下には, いくつものフォルダ（引出し）があり, フォルダの中にはさらにフォルダがあり, ちょうど木の枝のようになっているので「ツリー構造（あるいは階層構造）」と呼びます. 作成した文書ファイルを保存するときは, 自分の階層（ディレクトリ）上のフォルダであることを確認します. 必要に応じて自分のフォルダの下に, さらに専用のフォルダを作成し（図 4-6）, そこに文書ファイルを保存することもできます （図 4-7）.

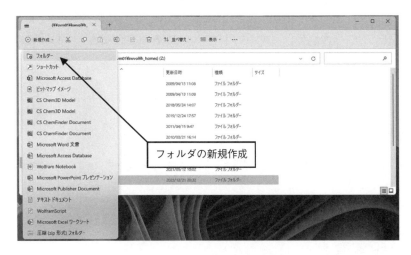

図 4-6　新規フォルダ "Word" の作成

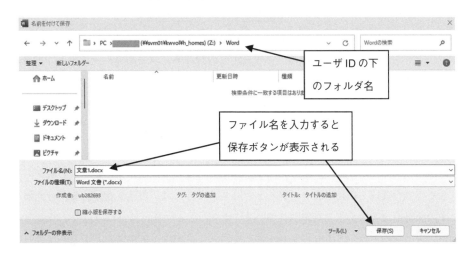

図 4-7　新規作成したフォルダ "Word" にファイル名 "文書 1" で保存

4.3　文書の書式を設定する

　文章を入力しただけでは，飾り付けのないテキスト文書にすぎません．Word ではさまざまな機能を活用することによって，より見栄えのする表現力ある文書に仕上げることができます．文書の概観を変更する上で，基本となるのが書式の設定です．よく利用されるのは，リボンの［ホーム］タブの［フォント］および［段落］グループ，そしてリボンの［レイアウト］タブの［ページ設定］グループに属しているコマンドです．次の節では，これら基本的な書式の設定について学習します．図 4-8 は［フォント］および［段落］のコマンドです．

　多くの場合，これら標準のコマンドで十分ですが，各グループの右下にあるダイアログボックス起動ツールをクリックするとさらに多くの機能を利用することができます．

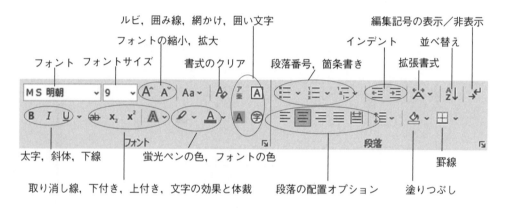

図 4-8　フォントおよび段落の書式設定グループ

4.4　段落書式

　Word などのワープロソフトでは，Enter から次の Enter までを 1 つの段落（パラグラフ）として扱い，1 つの字下げから次の字下げまでの文章は 1 つの段落として認識されます．すなわち，インデント（字下げ）は段落の先頭を示し，行間隔，段落間隔，箇条書き，網掛け，段組など，多くの「書式設定」を段落単位で行います．そのため，文章や段落の途中で，改行のための Enter を入れないように注意する必要があります．どうしても，文章の途中で改行したい場合は，Enter ではなく，Shift ＋ Enter を使い，段落が途中で分断しないようにします．

■行間隔・段落間隔を設定する

　行間隔は，フォントサイズにより自動的に設定されるので，通常は指定する必要がありません．しかし，行間隔を広くしたり，狭くしたりするときには，段落を指定して，行間隔を変更します．行間隔は通常 1 行に設定されていますから，広くするには，1.5 行，2 行を選びます．

　また，行の途中でフォントサイズを大きくすると，その行だけ行間隔が広くなってしまい，行間隔が不揃いになってしまい不自然に見えます．そのような時,行間隔を一定に揃えるには,

範囲を指定してリボンの［レイアウト］タブをクリック→［段落］グループ右下のダイアログボックス起動ツール［🖾］をクリック→［インデントと行間隔］タブをクリック→行間を「固定値」に変更して，間隔を「pt（ポイント）数」で指定します．また，図 4-9 で段落間隔を指定すると，段落の前後の行間を調整することができます．

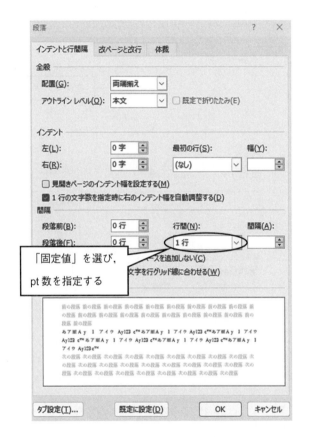

図 4-9　段落書式の設定画面

　インデントとは，ページの左余白から文字の始まり，あるいは終わりから右余白までのスペースのことです．インデントは，先ほどと同様にリボンの［レイアウト］タブ→［段落］グループ右下のダイアログボックス起動ツール［🖾］→［インデントと行間隔］タブをクリックした図 4-9 の画面で設定することもできますが，ルーラー上にインデントを設定するための特別なマーカーが付いていますので，このマーカーを移動するだけでインデントを設定することができます．文書全体のバランスを見ながら操作ができるので，ルーラーのマーカーを動かしてインデントを指定する方が便利なことが多いです．

　左側のインデントは 3 種類あり，段落の先頭行と 2 行目以降の行を別々に設定できるように

なっています（図4-10）．先頭行のインデントは「▽」で表され，2行目以降のインデントは「△」で表されています．先頭行のインデントは先頭の字下げ（上げ）などに使います．両方のインデントを一緒に移動するには，「□」をドラッグします．

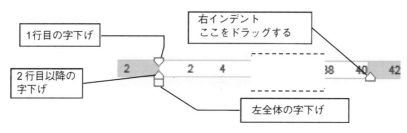

図4-10　インデントルーラー

図4-11　タブとリーダーの設定画面

　タブは，同じ行あるいは数行にわたって文字列の位置を決めるのにとても便利な機能です．スペースを使って同じ行の中の文字列をきれいに整列させようとしてもうまくいきません．等幅フォントと呼ばれるもの以外は文字ごとに幅が違い，場合によっては前後の文字の組み合わせによって間隔も違い，また，段落の揃え方（左揃え，右揃え，中央揃え，両端揃え）などにも影響を受けるからです．きれいに位置合わせを行うには作業画面水平ルーラー左側のタブボタンを使うか，あるいは正確に数値で設定するには，［レイアウト］タブ→［段落］グループ右下のダイアログボックス起動ツール［⤢］→［インデントと行間隔］タブ（図4-9）→画面左下の［タブ設定］ボタンをクリックして，タブとリーダーのダイアログボックスを開きます（図4-11）．主に4種類のタブ（左揃えタブ，中央揃えタブ，右揃えタブ，小数点揃えタブ）の位置やリーダーの種類を設定します．

<演習 4-4>　インデントルーラーを使って，演習 4-2 で入力した次の文書に左右のインデントを設定し，段落書式の設定画面で各段落の前に 0.5 行の間隔を設定せよ．また，作成した文書をファイル名"演習 4-4"として保存せよ．（演習 4-2.docx があれば，それを修正する）

イギリスの人々の食生活では，紅茶は欠かせません．また，日本人にはあまりなじみがありませんが，ポリッジというヨーロッパ風おかゆも好まれます．一般には，普段の食事は簡素なものが多いようです．↵

ヨーロッパ大陸（ドイツ，フランス，スイスなど）の朝食ではパンとバターそれにコーヒー程度ですませますが，イギリス風の朝食は非常に質量が豊富なことで有名です．典型的な朝食は，オートミール（oatmeal）のかゆ，つまりポリッジ（porridge）か，コーンフレーク（cornflakes）が出されます．ふつうは牛乳と砂糖をかけて食べますが，スコットランド人にはポリッジを牛乳と塩で食べる習慣があります．↵

（以下省略）↵

4.4.2　箇条書きを作成する

　箇条書きは，項目を列挙するとき効果的です．Word では，行頭文字付きと段落番号付きの 2 種類の箇条書きを自動的に設定できます．ここでは，段落番号付きの箇条書きを設定する方法を学習します．

①リボンの［ホーム］タブ→［段落］グループの［段落番号］ボタンの右に表示されている［▼］をクリックする（図 4-12）．

②「文書の番号書式」の中から使用する書式を選択してクリックする．たとえば「① ② ③」という段落番号を選択すると文書に「①」という段落番号が挿入される．

③段落番号の書式を変更するときは，［段落番号］ボタンの右に表示されている［▼］をクリック→［新しい番号書式の定義］をクリックします．［新しい番号書式の定義］ダイアログボックス（図 4-13）が開くので，番号の書式，配置などを指定します．

④箇条書きの 1 つ目の項目を入力し，Enter キーを押します．⇒ 文書に「②」という段落番号が挿入されます．

⑤箇条書きの項目をさらに入力し，1 項目ごとに Enter キーを押します．⇒ 各項目には自動的に番号が付けられます．

⑥最後の項目を入力したら Enter キーを 2 回続けて押して箇条書き機能を解除します．

 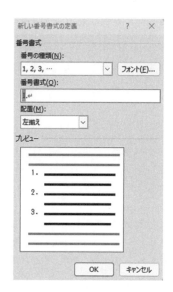

図 4-12   番号書式の選択画面　　　図 4-13   新しい番号書式の定義の設定画面

注意！：段落途中で改行するときは「行区切り」（Shift＋Enter）キーを押す．単に Enter キーを押すと，入力した Enter は「段落区切り」と見なされ，次の段落の行頭に自動的に番号や行頭文字が付けられてしまう．

＜演習 4-5＞　箇条書きを使って，上の箇条書き手順①〜⑥の文章を入力せよ．

4.5　文字書式

　入力を終えた文字やこれから入力する文字の文字書式を設定することができます．リボンの［ホーム］タブ→［フォント］グループのコマンドで，字体（フォント）の種類，スタイル，サイズ，色など，ほとんどの文字書式を設定することが可能です．しかし，下線の種類を「二重線」に変更したい場合や「隠し文字」を設定するなど特殊な文字書式を利用する場合には，［ホーム］タブ→［フォント］グループ右下のダイアログボックス起動ツール［⤢］をクリックして，フォントのダイアログボックス（図 4-14）を開いて指定します．

図 4-14   文字書式設定画面

4.5.1　フォントのサイズ

　フォントのサイズを変更するには，リボンの［ホーム］タブ→［フォント］グループの「フォントのサイズ」を指定します．メニューにない文字サイズ，たとえば，5, 36.5, 200pt などのフォントを使いたい場合には，ツールバーの「フォントのサイズ」欄にフォントサイズを数値で入力します．

文字サイズ一覧

| 5 | 8 | 12 | 18 | 26 | 36.5 | 48 | 72 | 200 |

4.5.2　書式のコピーと貼り付け

　文書中に数か所にわたって出てくる文字に，すべて同じ書式を設定する場合，文字列に設定されている書式をコピーし，他の文字列に貼り付けます．以下の演習では，［書式のコピー／貼り付け］　**書式のコピー/貼り付け** を使って，［下付き］書式を連続して貼り付けて行きます．

　　＜演習 4-6＞

　　"O2, O3, H2O, C60, CO2, H2SO4, HNO3, NH3, NOx, Cl2" を入力後，［書式のコピー／貼り付け］を使って，次のように変換をせよ．

　　$O_2, O_3, H_2O, C_{60}, CO_2, H_2SO_4, HNO_3, NH_3, NO_x, Cl_2$

① O2 の "2" を選択し，リボンの［ホーム］タブ→［フォント］グループの［下付き］ボタンをクリックする．
　　⇒　O2 が O_2 に変換された後，引き続き "2" が選択された状態になっています．

② ここで，マウスポインタを［クリップボード］グループに移動して，［書式のコピー／貼り付け］　**書式のコピー/貼り付け** をダブルクリックします（先頭の文字の書式だけがコピーされます）．⇒　マウスポインタがブラシの付いた形に変わります．

③ このブラシの付いた形のマウスポインタを文書上の O3 に移動し，"3" をドラッグします．⇒　「下付き」書式がコピーされ O_3 になります．

④ 続けて，文書中のすべての下付き文字をブラシ形のマウスポインタでドラッグします．
　　⇒　マウスポインタは，スクロールしてもブラシの付いた形のままです．

⑤　操作を終了するには，［ホーム］タブ→［クリップボード］グループの［書式のコピー
／貼り付け］をクリックするか，あるいは　Esc　キーを押します．⇒［書式のコピー／貼
り付け］がオフになります．

＜演習 4-7＞　　［書式のコピー／貼り付け］を使って，演習 4-2.doc あるいは演習 4-4.doc
の英単語をすべてイタリック（斜体）にせよ．作成した文書はファイル名 "演習 4-7" とし
て保存せよ．

4.5.3　文字幅と文字間隔の指定

リボンの［ホーム］タブ→［フォント］グループ右下のダイアログボックス起動ツール［⌐］
→［詳細設定］タブ（図 4-15）をクリックし，文字の幅や間隔を設定すると，文字列の体裁が
よくなります．次のオプションを設定できます．

機　能	説　　明
［倍率］	文字幅を「広げたり」「縮めたり」する．
［文字間隔］	文字と文字の間隔を「広　く　し　た　り」「狭くしたり」調整する．
［位置］	選択した文字列をベースラインより上げたり，下げたりする．
［カーニングを行う］	フォントやサイズに応じて，文字と文字の間隔を自動的に調整するかどうかを選択する．

図 4-15　文字幅と間隔の設定画面

＜演習 4-8＞　　"情報処理"と入力後，次のように文字書式を変更せよ．

情報処理
（理）

① 　"情報処理"と入力後，文字列全体を範囲指定し［フォントサイズ］を 14pt に変更する．

② 　"処"を範囲指定して，図 4-15 のように［ホーム］タブ→［フォント］グループ右下の
　　ダイアログボックス起動ツール［⤵］→［文字幅と間隔］の画面で，［文字間隔］を 5pt
　　狭く，［位置］を 8pt 高くし（上げる），［OK］をクリックする．

③ 　次に"理"を範囲指定して，同じく上の画面 図 4-15 で，［位置］だけを 8pt 低くし（下
　　げる），［OK］をクリックする．

4.6　ページ設定

　Word の初期設定では，横書き，用紙サイズは A4，用紙の向きは縦長，上の余白は 35mm，
下と左右の余白が 30mm に設定されています．もちろん，これらの設定は，作成する文書に応
じて変更することができます．用紙サイズや余白などは，ページごとあるいはページの途中の
セクションごとに設定できます．また，1 行の文字数や行数，原稿用紙の設定をすることもで
きます．文字方向の変更を行えば縦書き文書も作成できます．ページ設定を終えたら，思い通
りの設定ができたどうか確かめましょう．［ファイル］タブ→［印刷］をクリック→右下の［ペ
ージに合わせる］ボタン「⊡」をクリックすることで印刷のプレビューができます．

　ページ設定を行うには，リボンの［レイアウト］タブをクリック→［ページ設定］グループ
から行います（図 4-16）．

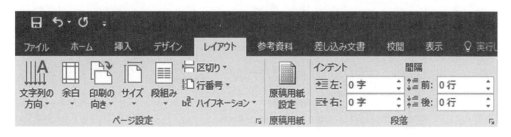

図 4-16　［レイアウト］タブと［ページ設定］グループ

4.6.1　余白を変更する

　余白とは，ページの周囲に設ける空白を設定するものです．用紙に余白を確保するには境界
線が必要です．その結果，どのくらい印刷可能なスペースが生まれるかが決まります．

■余白の設定

　リボンの［レイアウト］タブ→［ページ設定］グループ右下のダイアログボックス起動ツール［⌐］→［余白］タブをクリックします．余白は一覧から設定することもできますが，ここでは［ユーザ設定の余白］を選択し，［ページ設定］ダイアログボックスを開きます．「上」「下」「左」「右」の各テキストボックスを使用して，余白幅を設定します（図4-17）．とじしろを設定したければ，「とじしろの位置」をオプションボタンで設定します．

図4-17　余白・用紙の向きの設定画面

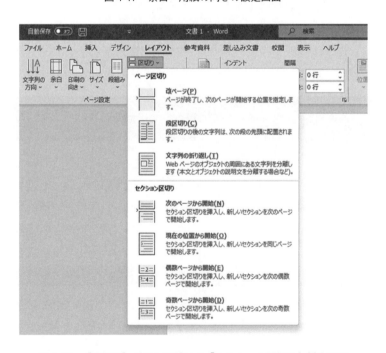

図4-18　［区切り］ボタンで開いた「セクション区切り」挿入画面

　「設定対象」の［▼］をクリックして，余白の変更対象が文書全体か，現在のセクションか，現在の位置以降かを設定します．［現在の位置から開始］を選択すると，ページの途中から余白を変えることも可能です．また，余白や次の 4.6.2 節で触れる文字数，行数，段組などはセクション単位で設定できますので，セクション区切りを挿入する時は，［ページ設定］グループの［区切り］ボタンをクリックし，表示される一覧から使用したいセクション区切りを選択します（図 4-18）．

　英語の文書では，用紙サイズ（A4 や US レター），用紙方向，フォントの種類とサイズ，行数や改行幅，上下左右の余白（マージン），段組みなどを指定するのが一般的です．一方，日本語の文書作成では，一行あたりの文字数を指定することがあります．ただし，書籍などの商業印刷物では体裁を損なうこともあり一般に行われません．

　文字数と行数を指定するには，［ページ設定］ダイアログボックスで行います．［ページ設定］ダイアログボックスを開くには，リボンの［レイアウト］タブ→［ページ設定］グループの［余白］ボタンをクリックし，一覧から［ユーザ設定の余白］を選択するか，あるいは［ページ設定］グループ右下のダイアログボックス起動ツール［▫］をクリックします．

　文字数と行数を指定したい場合は，［文字数と行数］タブをクリックして，［文字数と行数の指定］のラジオボタン［○］をどれか一つ選択します（図 4-19）．このとき，文字数と行数

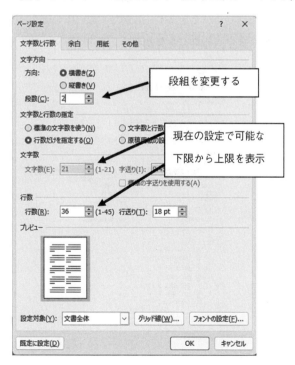

図 4-19　「ページ設定」ダイアログボックス

の右側入力欄の横には，字送り（文字の間隔）と行送り（行の間隔），フォントサイズ，余白サイズに応じた，下限と上限の数が（　）内に表示されています．指定したい文字数，行数と異なれば，［余白］タブをクリックして上下左右の余白の値を変えてみましょう．

　また，図 4-19 の［段数］を変えると，段組を変更することができます．たとえば，［段数］を 2 に指定すると，図 4-20 のような二段組の文書を作ることができます．

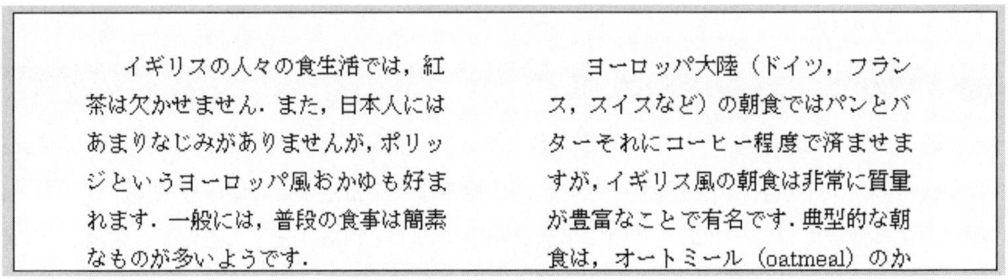

　　イギリスの人々の食生活では，紅茶は欠かせません．また，日本人にはあまりなじみがありませんが，ポリッジというヨーロッパ風おかゆも好まれます．一般には，普段の食事は簡素なものが多いようです．

　　ヨーロッパ大陸（ドイツ，フランス，スイスなど）の朝食ではパンとバターそれにコーヒー程度で済ませますが，イギリス風の朝食は非常に質量が豊富なことで有名です．典型的な朝食は，オートミール（oatmeal）のか

図 4-20　二段組の文書

　＜演習 4-9＞　演習 4-4 で作成した文書を二段組に変更せよ．作成した文書はファイル名"演習 4-9"として保存せよ．

4.6.3　用紙サイズ・用紙の向きを変更する

　用紙サイズの標準は，A4—縦長ですが，文書の印刷は，使用するプリンタが対応しているすべての用紙サイズで行うことができます．しかし，幅の広い表などをペーストして縦長では入りきらないことがあります．そのようなときは，そのページだけを用紙を横長に使用すること

図 4-21　用紙サイズ指定画面

ができます．用紙サイズを指定するには，リボンの［レイアウト］タブをクリックして［ページ設定］グループから行います（図4-17）．［サイズ］ボタンをクリックします．用紙サイズは一覧から設定することもできますが，ここでは［その他の用紙サイズ］を選択し，［ページ設定］ダイアログボックスを開きます．［用紙］タブをクリックすると，用紙サイズの指定画面が開きます（図4-21）．

　用紙の向きを指定するには，［ページ設定］グループの［印刷の向き］ボタンをクリックして，「縦」か「横」を選ぶことができます．あるいは［ページ設定］ダイアログボックスの［余白］タブをクリックし，［印刷の向き］で用紙の縦横を設定します．［ページ設定］ダイアログボックスを使って［用紙サイズ］，［印刷の向き］を変更した場合，［設定対象］で変更対象を「文書全体」か，「これ以降」かを指定できます．

4.6.4　印刷プレビュー

　あらかじめどのように印刷されるかをプレビュー画面で確認することができます．［ファイル］タブをクリック→［印刷］をクリック→右に［印刷プレビュー］が表示されます．印刷プレビューで複数ページを表示するには，画面右下の［ズームスライダ］で拡大縮小を調整します（図4-22）．

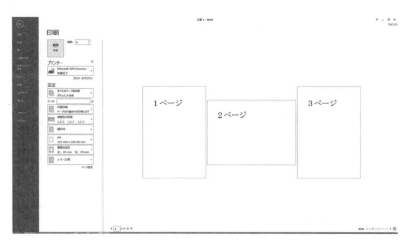

図4-22　複数ページのプレビュー

　＜演習 4-10＞　全部で 3 ページの文書を入力して，2 ページ目だけを［印刷の向き］を［横］にする．結果を複数ページのプレビューで確かめる．

① 1ページ目を開き，［フォントサイズ］72 を選び，「1 ページ」と入力する．
② ［ページ設定］グループ右下にある［ページ設定］起動ツール［⤡］をクリックし，［ページ設定］ダイアログボックスの［余白］タブをクリックする．そして［印刷の向き］の［横］をクリックし，［設定対象］から「これ以降」を選択する．

③ 2 ページ目を開き，［フォントサイズ］72 を選び，「2 ページ」と入力する．

④ 再び［ページ設定］起動ツール［▫］をクリックし，［印刷の向き］の［縦］を選び，［設定対象］の「これ以降」を選択する．

⑤ 3 ページ目が開くので，「3 ページ」と入力する．

⑥ 図 4-22 のような印刷プレビューになることを確認する．

4.7 表の作成と修飾

4.7.1 表の作成

　文書の内容によっては，表の作成が必要となります．ここでは，第 5 章で説明する表計算ソフト Excel を用いないで，Word だけで簡単に表を作成する方法を説明します．表を作成するには，挿入したい位置にカーソルを移動させておきます．リボンの［挿入］タブをクリックし，［表］グループの［表］ボタンをクリックすると，ボタンの下にグリッドが表示されます．このグリッドは，縦が行数，横が列数を表しています．マウスポインタを右下に移動すると，マス目の色が変わり，作成する表の行数，列数を指定（8 行 10 列まで）できます（図 4-23）．あるいは，［表］ボタンをクリックした後で，［表の挿入］を選択すると，［表の挿入］ダイアログボックスが現れ，行数，列数を指定（8 行 10 列以上）できます（図 4-24）．表計算ソフトなどでは，一般に，横の並びを「行」（row），縦の並びを「列」（column）と呼びます．

　作成した表に，列または行を挿入したり削除したりすることもできます．列または行を挿入したい場合，任意のセルにマウスを重ね右クリックしショートカットメニューを表示させます．

図 4-23　表の挿入　　　　　　図 4-24　表の挿入ダイアログボックス

ショートカットメニューの［挿入］にマウスを重ねると新たに一覧が表示され，［左に列を挿入］，［右に列を挿入］，［上に行を挿入］，［下に行を挿入］から必要な操作を選択します．

　同様に，列または行を削除したい場合は，任意のセルにマウスを重ね右クリックしショートカットメニューを表示させます．ショートカットメニューの［表の行/列/セルの削除］をクリックし，［表の行/列/セルの削除］ダイアログボックスを表示させます．［表の行/列/セルの削除］ダイアログボックスから，必要な操作を選択することで削除することができます．

4.7.2　表の修飾

　作成した表の外観を簡単に変更することができます．表中のどこかをクリックすると，リボンに［表ツール］タブが新たに表示され，その下に［デザイン］，［レイアウト］タブが表示されます（図 4-25）．

図 4-25　　［表ツール］タブと［デザイン］，［レイアウト］タブ

　［デザイン］タブ→［表のスタイル］グループ→［標準の表 1］をクリックすると，罫線だけだった表が，図 4-26 のように変更されます．

図 4-26　標準の表 1

　これ以外にも，［テーブルデザイン］タブ→［飾り枠］グループの［線種とページ罫線と網掛けの設定］起動ツール［⤢］をクリックし，［線種とページ罫線と網掛けの設定］ダイアログボックスから罫線の種類，太さ等を変更することができます．

　［レイアウト］タブ→［配置］グループの各種ボタンを選ぶことで，セル中文字の上詰め・下詰め・中央揃え等を行うことができます．［セルのサイズ］グループでは，セルの高さ・幅を変更することができます．

　以上で，表の外観ができましたので，枠内にマウスポインタを移動させて，文字，数字等を入力すれば表を完成できます．［レイアウト］タブの下では，上記以外にも，［データ］グループから簡単なデータ処理もできます．

　＜演習 4-11＞　世界の人口を推計した次の表を作成せよ

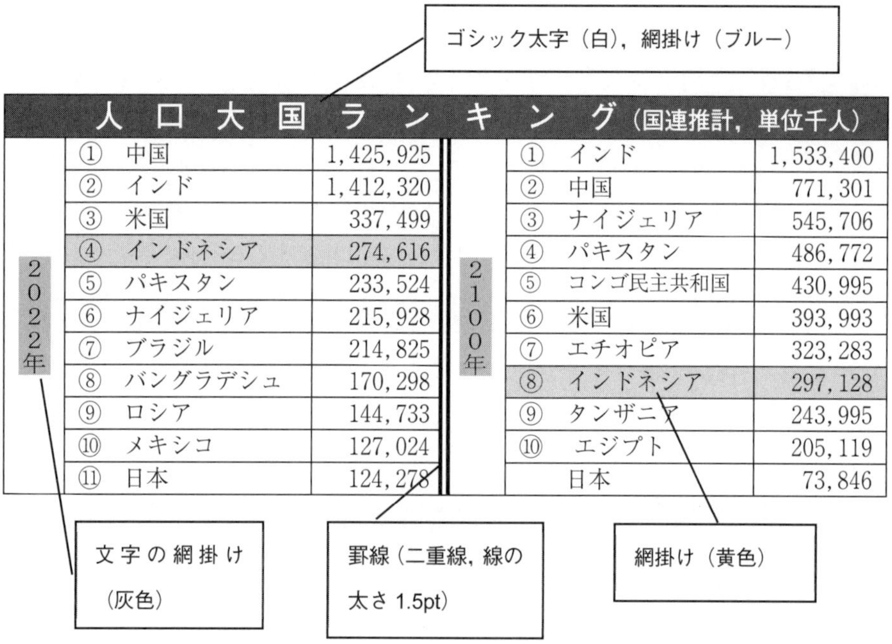

ゴシック太字（白），網掛け（ブルー）

人口大国ランキング（国連推計，単位千人）						
①	中国	1,425,925		①	インド	1,533,400
②	インド	1,412,320		②	中国	771,301
③	米国	337,499		③	ナイジェリア	545,706
④	インドネシア	274,616		④	パキスタン	486,772
⑤	パキスタン	233,524	2	⑤	コンゴ民主共和国	430,995
⑥	ナイジェリア	215,928	0	⑥	米国	393,993
2022年 ⑦	ブラジル	214,825	2100年 0	⑦	エチオピア	323,283
⑧	バングラデシュ	170,298	年	⑧	インドネシア	297,128
⑨	ロシア	144,733		⑨	タンザニア	243,995
⑩	メキシコ	127,024		⑩	エジプト	205,119
⑪	日本	124,278			日本	73,846

文字の網掛け（灰色）

罫線（二重線，線の太さ 1.5pt）

網掛け（黄色）

図 4-27　世界の人口推計

https://esa.un.org/unpd/wpp/（2023 年 11 月 30 日閲覧）

国連資料　World Population Prospects: The 2022 Revision による

4.8　数式ツール

　単純な数式なら，上付き下付き（文字飾り）などでも作れますが，Word2021 では複雑な数式も表現することができます．

　文章に数式を入力するには，入力したい任意の場所（文章中か，任意の行）をクリックし，リボンの［挿入］タブをクリック→［記号と特殊文字］グループの［数式］ボタンをクリックします．

　数式ボタンをクリックすると，［数式ツール］タブが表示され，さらにその下に［デザイン］タブが表示され，各種数式作成ボタンが表示されます．また数式を入力する場所には，コンテンツコントロールが挿入され，そこに数式を入力することになります（図 4-28）．

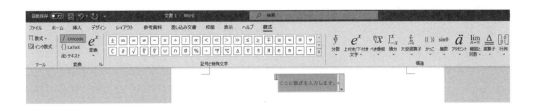

図 4-28　［数式ツール］タブと各種数式作成ボタン

① 　［数式ツール］-［デザイン］タブの各種数式ボタンを使って正しい数式の構成になるよう記号を入力します．通常，数式を組み立てていくと，数字，記号，変数などのスペースが自動的に調整されます（図 4-29）．

$$s =$$　　　　$$s = \sqrt{\frac{\sum_{\square}^{\square}(X_i)}{\square}}$$　　　　$$s = \sqrt{\frac{\sum_{i=1}^{n}(X_i - \bar{X})^2}{\square}}$$

$$s = \sqrt{\square}$$　　　　$$s = \sqrt{\frac{\sum_{\square}^{\square}(X_i - \bar{\square})}{\square}}$$　　　　$$s = \sqrt{\frac{\sum_{i=1}^{n}(X_i - \bar{X})^2}{N-1}}$$

$$s = \sqrt{\frac{\square}{\square}}$$　　　　$$s = \sqrt{\frac{\sum_{\square}^{\square}(X_i - \bar{X})^2}{\square}}$$

$$s = \sqrt{\frac{\sum_{\square}^{\square}\square}{\square}}$$　　　　$$s = \sqrt{\frac{\sum_{i=1}^{\square}(X_i - \bar{X})^2}{\square}}$$

図 4-29　数式の作成手順例

② 　図 4-29 は，統計学で使う不偏標準偏差の公式の入力過程を表しています．左上から下に向かって，入力例が示されています．右辺の平方根（ルート）は［構造］グループの［べき乗根］ボタンをクリックし，べき乗根の入力候補を選択します．次に，平方根すべき対象を入力するために，ルートの中の点線の四角（プレースホルダと呼びます）をクリックします，四角が青く反転した後に，［構造］グループの［分数］ボタンをクリックし適切な分数の候補を選択します．総和を表すΣは，［大型演算子］ボタンから選択します．指数は［上付き/下付き文字］ボタンから指定します．X の上についている棒線は［アクセント］ボタンから選択します．アルファベット自体はキーボードから直接入力します．

③ 　数式の作成が終了したら，数式の外を

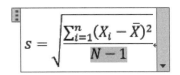

$$s = \sqrt{\frac{\sum_{i=1}^{n}(X_i - \bar{X})^2}{N-1}}$$

図 4-30　数式入力のコンテンツコントロール

クリックしてエディタからぬけます.

④   数式の配置の仕方を変更するには,数式をクリックしてコンテンツコントロールを表示させ,[配置]をポイントして,入力した数式の配置を選びます.

【数式作成上のその他の注意】

● 数式を入力する際,アルファベットはローマン体で入力されます.数学では変数はイタリック体で表現されています.変数であるアルファベットをイタリック体に変更するには,変数に該当する文字列をドラッグして選択した後で,リボンの[ホーム]タブ→ [フォント]グループの[斜体]ボタンをクリックします.文字サイズも同様に,変更することができます.

● 数式入力のコンテンツコントロールの中の文字を削除するには,その文字の前をクリックし[Delete]キーを押します.コンテンツコントロールそのものを削除するには,コンテンツコントロール全体を範囲指定してから[Delete]キーを押します.

● 数学ではギリシャ文字もよく使用します.ギリシャ文字を入力するには,[記号と特殊文字]グループの右にある[その他]ボタンをクリックし,右上の[基本数式]の[▼]をクリックし,[ギリシャ文字]を選んでギリシャ文字の一覧を表示させます(図4-31).後は,その中から適当な文字を選んでクリックします.

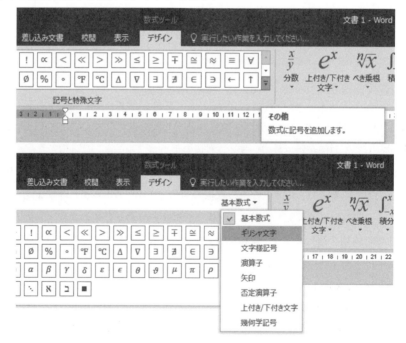

図4-31　ギリシャ文字の入力

● 数式を記述する論文やレポートを作成する際に，TeX（テフ），LaTeX といった組版ソフトウェアが良く使われています．数式ツールの「変換」で ∦ LaTeX をクリックすると LaTeX 構文を使用して数式を入力することができます（図 4-32）

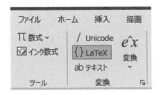

図 4-32　LaTeX 構文での入力

例えば，LaTeX 構文で ¥sqrt[5]{a^2} と入力し変換で 2 次元形式をクリックすると，$\sqrt[5]{a^2}$ と表示されます．

＜演習 4-12＞　以下の数式を入力してみよう．

$$\Phi(x) = \int_{-\infty}^{x} \phi(t)\,dt = \frac{1}{2}\left[1 + erf\left(\frac{x}{\sqrt{2}}\right)\right]$$

4.9　文書の体裁を整える

Word2021 には，その他にもたくさんの便利な機能があります．

4.9.1　スペルミスをチェック

Word2021 には文字の入力中に自動的に日本語や英語の文法上の誤りや英単語のスペルミスを校正する機能があります．この機能を使うと，入力中，日本語や英語の文法上の誤りや英単語のスペルミス，辞書に未登録の単語は波線付きで表示されます．スペルミスや文法上の誤りを訂正するには，波線の付いた箇所をマウスの右ボタンでクリックし，ショートカットメニューから正しい表現や表記を選択（クリック）するか，［文章校正］をクリックして修正します．入力中に自動的にスペルチェックや文章校正を行いたくない場合には，前もって設定を外しておく必要があります．手順は次のようになります．［ファイル］タブ→［オプション］→［Word のオプション］ダイアログボックスを表示→左方の［文章校正］をクリック→［Word のスペルチェックと文章校正］の［入力時にスペルチェックを行う］のチェックボックスのチェックを外します．

入力中ではなく文書の作成を終了したときに，スペルミスや文法上の誤りを一度にチェックすることもできます．文章全体を選択した後で，リボンの［校閲］タブをクリックし，［文章校正］グループから［スペルチェックと文章校正］ボタンをクリックします．間違いの可能性

がある箇所が発見されたら，その項目を修正し，校正を継続します．

4.9.2 脚注を付す

　論文やレポートでは，文章中に出てくるデータや言葉などの出所・出典を示すために，ある
いは補足の説明を行うために，脚注（footnote）を付します．Word では説明を付す語があるペー
ジ下部か文書やセクションの最後にまとめて脚注を付ける（文末脚注）ことができます．文
中の脚注を付したい箇所で，［参考資料］タブ→［脚注］グループ→［脚注の挿入］をクリッ
クすると上付きの数字[1]が付され，ページ下部に脚注の文章を入力できます．

図 4-33　脚注の挿入

4.9.3 文書中への図挿入

　文書中には図や写真，表を貼り付けることができます．まず，貼り付けたい図や写真をファ
イルとして用意します．次に，文書中の挿入する位置にカーソルを移動します．

　ここでは，ネット上に公開されている図や写真を挿入してみましょう．リボンの［挿入］タ
ブ→［図］グループ→［オンライン画像］ボタン をクリックします（図 4-34）．するとオン
ライン画像のウインドウが表示されます（図 4-35）．カテゴリーごとに画像を参照することが
できますが，無ければ「検索」テキストボックスに使いたい画像のキーワード（例えば，学校）
を入力後，「検索」ボタンをクリックします．表示される画像から，使用したいものを選んで，
クリックするとカーソルの位置にクリップアートが挿入されます．（オンライン画像を使用す
る際には，著作権に注意する必要があります．「Bing イメージ検索」の検索結果には，原則と

図 4-34　「画像の挿入」メニュー

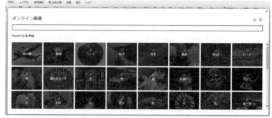

図 4-35　オンライン画像

---

[1] 脚注はここに表示されます．本文よりもフォントを小さくすることが多いです．

してクリエイティブ・コモンズによってライセンスされている画像が表示されますが，ライセンスにさまざまな段階があるので確認してください．)

　　<演習 4-13>　Office.com クリップアートの「検索」テキストボックスに適切な単語を入力して，静岡県と関係のある画像を検索・挿入せよ．

4.9.4　図形描画

　図形を描くには，リボンの［挿入］タブ→［図］グループ→［図形］ボタンをクリックします（図 4-36）．図形の位置を揃えるためには，［表示］タブ→［表示］グループ→［グリッド線］のチェックボックスにチェックを入れ，グリッド線を表示して書くのが便利です．［図形］ボタンをクリックすると一覧が表示されて，一覧下部の［新しい描画キャンバス］をクリックします．図形を描くためのキャンバスが表示されるとともに，新たに［描画ツール］タブが表示され，その下に［書式］タブが現れます．［書式］タブの［配置］グループの［配置］ボタンをクリックし，一覧から［グリッドの設定］を選択することで，グリッド線の設定を行います（図 4-37）．

　図の中の「グリッド線を表示する」のチェックボックスにチェックを入れると，グリッド線が表示されます．「グリッド線の設定」は，縦横の線の間隔，「文字（行）グリッド線を表示する間隔」は，格子間に設定可能な点の数です．また，3D の設定を行うと図形を立体的に表す

図 4-36　図形ツール

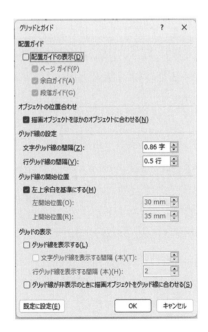

図 4-37　グリッドとガイドダイアログボックス

ことができます.

<演習4-14> 描画ツールを使って,図4-38を作成せよ.

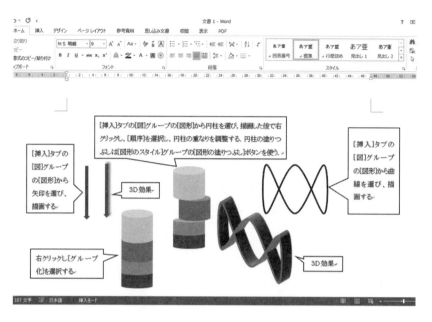

図4-38 図形描画ツールの使用例(演習4-14)

4.9.5 図・表の配置

体裁が決まった文書では,図や表にキャプションを入れる必要があります(一般に図のキャプションは図の下,表の場合は表の上に書きます).さらにこのようなキャプション付の図表を文書中の任意の場所に配置したいことがあります.このような場合,テキストボックスを使うのが便利です.

リボンの[挿入]タブ→[テキスト]グループ→[テキスト]ボタンをクリックし,一覧下部にある[横書きテキストボックスの描画]を選びます.すると,マウスカーソルが十字型になります.その状態でマウスをドラッグすると,テキストボックスが作成されます.

このテキストボックスの中には,図を挿入したり,表を作成したり,普通の文章を入力することができます.テキストボックスの

図4-39 テキストボックスへの図の挿入

外側の枠をドラッグすると，テキストボックスの移動ができますし，枠の端にあるポイントをドラッグするとサイズの変更ができます．また，「描画ツール」タブから，テキストボックスの各種書式設定ができます．

　<演習 4-15> 図 4-39 を参考に，テキストボックスにクリップアートを挿入せよ．また，クリップアートの下に文字を入力してみよ．

4.9.6　文書の表示モード

　文書の表示モードの切り替えは，リボンの［表示］タブをクリックし，［文書の表示］グループから，閲覧モード，印刷レイアウト，Web レイアウト，アウトライン，下書きを選択します．

■閲覧モード

　画面上で快適に文書を閲覧するためのモードです．このモードでは，不要なツールバーなど，閲覧の妨げになる画面の要素が非表示になります．また，文書の表示が閲覧に適した大きさとなるように調整されます．

■印刷レイアウトモード

　このモードでは実際に文書がどのように印刷されるかを確認することができます．図や表，ヘッダー，フッター，複数段の文章を印刷時のレイアウトで表示します．

■Web レイアウトモード

　Web ページを作成するときに使うモードです．このモードでは，背景が表示され，文字列がウインドウにあわせて折り返され，画像が Web ブラウザで表示したときと同じ位置に表示されます．

■アウトラインモード

　文字列の書式が簡略化して表示され，見出しなどで簡単に文書の構成を把握することができます．文書を折りたたんで，必要な見出しと本文だけを表示することができます．このようにすると，文書構成の把握，文書内の移動，大量の文字列の再編成がしやすくなります．

■下書きモード

　下書きモードでは，文書は最も単純な形で表示されます．たとえば，ページ区切りは点線で示され，文字以外はすべて非表示になります．文字以外は非表示ですので，文章作成に集中するときに適したモードといえます．

4.10　マクロを使って作業を自動化する

　マクロとは，頻繁に行う定型的な作業を自動的に処理する小さなプログラムです．簡単に使えるので，ぜひ試してみましょう．マクロを開始すると，自動的に作業が行われます．たとえ

ば，文書の保存と印刷を行ったり，太字や斜体の文字列を検索して置換したりするマクロを簡単に作成することができます．

　ここでは，文書の範囲指定した部分だけをファイル"tmp.docx"に保存するマクロ［選択部分の保存］を作成します．文書の一部を範囲指定しておいてから次の手順を行えば，マクロを使わなくても選択した部分をファイルに保存することができます．

　① 範囲指定した部分をクリップボードにコピーする．

　② 新規文書ファイルを開く．

　③ クリップボードにコピーした範囲指定した部分を新規文書に貼り付ける．

　④ 文書を"tmp.docx"と名前を付けて保存する．

　⑤ 文書ファイル"tmp.docx"を閉じる．

　しかし，毎回これだけの手順を繰り返すのは大変です．そこで，これらの手順を記録しておいて，1つのコマンドにしたのがマクロです．

■マクロを記録する準備

　文書の一部を範囲指定しておいてから，リボンの［表示］タブ→［マクロ］グループ→［マクロ］ボタンの［▼］をクリックし，［マクロの記録］を選択します．

　① ［マクロの記録］ダイアログボックスの［マクロ名］ボックスに「選択部分の保存」と入力します．

図 4-40　［マクロの記録］ダイアログボックス

　② ［マクロを割り当てる対象］の［ボタン］をクリックします（図 4-40）．

　　　⇒［Word のオプション］ダイアログボックスが開きます（図 4-41）．

　③ ［コマンド選択］の一覧で，記録するマクロの名前である［Normal.NewMacros.選択部分の保存］を選択し，［追加］ボタンをクリックします．

　④ クリックアクセスツールバー上に新しく作成した［Normal.NewMacros.選択部分の保存］ボタンが現れます．

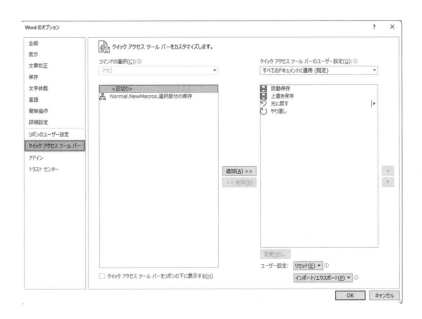

図4-41　　［Word のオプション］ダイアログボックス

⇒ マウスポインタがカセットテープのついた形に変わり，これでマクロの記録を開始する準備ができました．

■マクロ「選択部分の保存」を記録する

① まだ範囲指定をしていなかったら，［記録の一時停止］ボタンを押して記録を停止し，保存する部分を範囲指定します．もう一度［記録の一時停止］ボタンを押して記録を再開しましょう．

② リボンの［ホーム］タブ→［クリップボード］グループ→［コピー］をクリックし，［ファイル］タブ→［新規］を選択し，［白紙の文書］をクリックする．新しい文書が開いたら，リボンの［ホーム］タブ→［クリップボード］グループ→［貼り付け］をクリックします．

⇒ 選択した部分が新しい文書に貼り付けられます．

③ ［ファイル］タブ→［名前を付けて保存］を選択し，保存するフォルダとファイル名を選択します．ここでは，ファイル名として "tmp" と入力し，［保存］をクリックします．temp.docx の［ファイル］タブから［閉じる］をクリックします．

④ 元の文書ファイルに戻って，［表示］タブ→［マクロ］ボタンの［記録終了］をクリックします．

⇒ マクロの記録が終了する．

■マクロ「選択部分の保存」の実行とマクロの削除

① 新たに文章の適当な範囲を選択し，ウインドウの左上方にあるクイックアクセスツール

バーの［Normal.NewMacros.選択部分の保存］ボタンをクリックします（図 4-42）．

このボタン

図 4-42　［Normal.NewMacros.選択部分の保存］ボタン

⇒　これでマクロの実行は終了です．新たに tmp.docx ファイルが作成されているか確認しましょう．

② 作成したマクロを削除するには，リボンの［表示］タブから［マクロ］グループの［マクロ］ボタンの［▼］をクリックし，［マクロの表示］を選択します．

⇒　［マクロ］ダイアログボックスが表示されますので，［マクロ名］から作成したマクロを選択し，右にある［削除］ボタンをクリックします．また，ウインドウの左上方にあるクイックアクセスツールバーの［Normal.NewMacros.選択部分の保存］ボタンを右クリックし，［クイックアクセスツールバーから削除］を選択します．なお，以下の「マクロを編集する」で，ここで作成したマクロを用いますので，今はまだ削除しないでください．

■マクロを編集する

Visual Basic Editor を使用すると，マクロを実行するのに使用されるコードを表示し，変更することができます．Visual Basic Editor の［標準］ツールバーには，マクロの編集に関連するボタンが多く含まれています．ここでは，以下の手順で，Visual Basic Editor を表示し，上で作成したマクロ［選択部分の保存］のコードを表示し，再び Word の文書ウインドウに切り替えます．

① リボンの［表示］タブ→［マクロ］ボタンをクリックします．

② ［マクロ名］ボックスの一覧で［選択部分の保存］をクリックし，［編集］をクリックします．［Microsoft Visual Basic］ウインドウが開き，図 4-43 の画面になります．

③ Selection.Copy　　　　　　　範囲指定のクリップボードへのコピー

Selection.PasteAndFormat　　クリップボードへコピーした文章の貼り付け

ActiveDocument.SaveAs　　ファイルに名前を付けて保存

などの VBA（Visual Basic Application）言語の記述が見られます．

④ Visual Basic Editor を閉じるには，［Microsoft Visual Basic］のウインドウで［ファイル］メニュー→［終了して Microsoft Word へ戻る］をクリックします．

＜演習 4-16＞　上で作成した マクロ［選択部分の保存］ にならって，選択部分を次々とファイルに追加する，マクロ［選択部分の追加］を作成せよ．

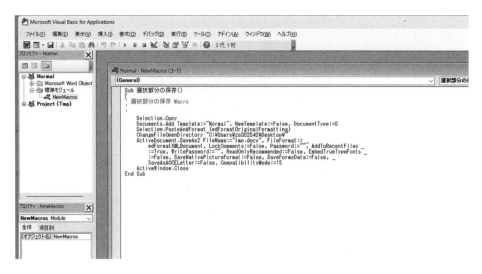

図 4-43 マクロの編集画面

4.11 インターネット対応機能

Web ページを作成するには，「タグ」といわれるコマンドを使ってテキストを書き加える（mark up）作業が必要です．Word2021 には，単純な Web ページ作成に限られますが，そうした作業を必要としない HTML 作成機能が用意されています．

4.11.1 Web ページの作成

Word2021 で Web ページを作成するには，新しい文書を開いたうえで，リボンの［表示］タブ→［文書の表示］グループ→［Web レイアウト］をクリックします．

Web ページに必要な文字列や図などの入力は，通常の Word の入力と同じように入力することができます．文字の大きさを変更したり，背景に色を付けたりするのも通常の Word の操作で行います．

4.11.2 自動ハイパーリンク機能

Web ページの特徴は，ハイパーリンクにあります（hyperlink）．ハイパーリンクとは，HTML 文書中から他の HTML 文書を参照する機能です．HTML 文書あるいは Word 文書中にハイパーリンクを挿入するには，まずハイパーリンクを挿入する文字列をドラッグして選択しておきます．ハイパーリンクの挿入は，選択した文字列上で右クリックしショートカットメニューを表示させ，その中から［リンク］を選択するか，リボンの［挿入］タブ→［リンク］グループ→［リンク］ボタンをクリックします．この操作により，［ハイパーリンクの挿入］ダイアログボックスが表示されます（図 4-44）．

最初に，［ハイパーリンクの挿入］ダイアログボックスの［表示文字列］に先に選択した文

図 4-44 ハイパーリンクの挿入

字列が入力されているかを確認します．次に，［アドレス］にハイパーリンク先の URL を入力します．入力方法は，直接キーボードから入力することもできますが，既にアクセスしたことがある Web ページなら，［ブラウズしたページ］をクリックし，ブラウズ履歴の一覧からその Web ページを探し，Web ページ名をクリックすることで［アドレス］に URL が入力されます．

　ハイパーリンクが挿入された文字列は，アンダーライン付きで青く表示されます．

4.11.3　Web ページの保存と確認

　作成した Web ページの保存は，［ファイル］タブ→［名前を付けて保存］を利用します．新しいフォルダを作成し（適当な名前をつけます），そのフォルダを開きます．Web ページの名前を適当に決め，［ファイル名］に入力します．その際，拡張子は.htm か.html のいずれかを入力します．［ファイルの種類］は，「Web ページ」か「Web ページ（フィルタ後）」を選びます．最後に，［タイトルの変更］をクリックし，Web ページのタイトルバーに表示させるタイトルを入力します．

　作成した Web ページを保存したら，ブラウザで表示できるか確認します．保存した Web ページのファイルをダブルクリックすると，関連付けられたブラウザが起動して表示されますので，正しく表示されているか確認しましょう．

4.12　各種ファイルの読み込み機能

　Word には USB メモリやハードディスク上に各種ファイル形式で保存されているファイル（以前のバージョンの Word 形式のほかに，PDF 形式，テキスト形式，html 形式など）を読み込む機能があります．

　たとえば，この章で作成したテキストファイル「演習 4-2.txt」を，以下の手順で読み込むことができます.

　すでに Word が立ち上がっている場合は，リボンの［ファイル］タブ→［開く］をクリックして，当該ファイルを指定します. 上記ファイルが見つからない場合は，「ファイルの種類」の設定を確認しましょう.「全てのファイル(*.*)」を選択すると，拡張子が txt の「演習 4-2.txt」も表示されます. 同ファイルをクリックすると「ファイル名(N):」欄に「演習 4-2.txt」と表示されますので，つづけて右下の「開く(O)」をクリックすれば当該ファイルの読み込みが完了します. なお，読み込んだファイルを編集（書体の変更や修飾など）した場合は，Word ファイルとして保存すると，編集内容を含めて保存されます.「ファイル」タブ→「名前を付 けて保存」をクリックして，ファイルの種類に「Word 文書(*.docx)」を指定して保存します.

4.13　Word のヘルプ機能

　操作アシストを使うことで目的の機能等をすばやく見つけることができます. リボンに［実行したい作業を入力してください］と表示されているテキストボックスへ検索語を入力することで検索結果から目的の操作等へアクセスすることができます. また，リボンの［ファイル］タブ→ウインドウ右上のヘルプボタン❓をクリックすると，「Word2021 ヘルプ」ウインドウが表示されます（図 4-45）. ここで検索語を入力することもできます.

　Windows ソフトを使いこなすコツは，ヘルプをいかに活用するかです. ぜひ，ヘルプでいろいろと調べてみてください.

図 4-45　「ヘルプ」ウインドウ

第5章　Excel を使おう

コンピュータは，電子計算機と訳されるように計算するための道具として発達してきました．もっとも，最近では計算のためにコンピュータを使用する人たちよりも電子メールや Web ブラウジングなどの目的で使用する人たちが多くなっています．しかし，1970〜1980 年代のパソコンの普及には，計算機としてのコンピュータの普及に加えて，表計算ソフトウェアの普及が大きく貢献しました．パソコンが普及する以前は，計算機を使用するためにプログラムは自作あるいは外注するのが当たり前でした．したがって，ビジネスでパソコンを用いるには，そのままでは使えずコンピュータ言語を用いプログラムを記述することから始めなければなりませんでした．ところが 1970 年代後半になると，Apple II コンピュータに VisiCalc という表計算ソフトウェアが登場し，一気にアメリカのビジネスオフィスにコンピュータが普及しました．その後，SuperCalc，Multiplan，Lotus 1-2-3 などという表計算ソフトウェアが次々と登場しました．本章で扱う Excel は，それらの中では比較的新しく，発売当初は Macintosh 用のソフトウェアだった歴史がありますが，現在では，Windows で大きなシェアを持つ表計算ソフトウェアになっています．

Windows のシステムでは，Excel は標準的な表計算ソフトウェアで，アメリカのみならず世界中で広く使われていますが，日本では長い間（ことによると今でも）「表計算ソフトウェア」ではなく「作表ソフトウェア」として，利用されてきた経緯があります．近年，データサイエンスの考え方が様々な研究分野，ビジネスの領域で展開されるにつれて，得られたデータの前処理や計算，さらには，データ可視化のための基本的なツールとして様々な場面で活用される機会が増えています．

本章では Windows 10／11 で動作する Microsoft Excel 2019 を基本に Excel の使い方を説明します．Excel は何年かに一度バージョンアップをしていますが，バージョン間でファイルの互換性があります．Excel2007 以降の Excel ファイルの拡張子は「xlsx」です．Excel 97〜2003 の Excel ファイルは拡張子は「xls」です．新しいバージョンの Excel では、古い拡張子のファイルを開いたり保存したりすることが可能です．MacOS 版の Excel も、ほぼ Windows 版の Excel と同じように利用することができるようになっており OS 間の垣根は低くなっています．データサイエンスの世界では，Excel 以外の統計ソフトを使うこともありますが、Excel を使う場面は多くあり，基本的なツールだと考えられます．本章を通して Excel の基本を是非学んでみてください．

5.1　Excel を立ち上げる

　他のソフトウェアと同じように，Excel を立ち上げる（使用開始する）には，いくつかの方法があります．スタート画面の Excel のタイルを選択してもいいし，デスクトップのタスクバー上にピン留めされたエクセルアイコンを選択してもいいでしょう．Excel を立ち上げると左側に最近使ったファイルの一覧，右側に新規作成ファイルのテンプレートが表示されます．今回は新規に作成するので，「空白のブック」を選択して，作業を始めましょう．

5.1.1　Excel の画面

　Excel の新規作成で空白のブックを選択すると，図 5-1 のような画面が表示されます．この画面は自分の好きなように設定ができるのですが，標準的にインストールされる画面を前提に話を進めていきます．

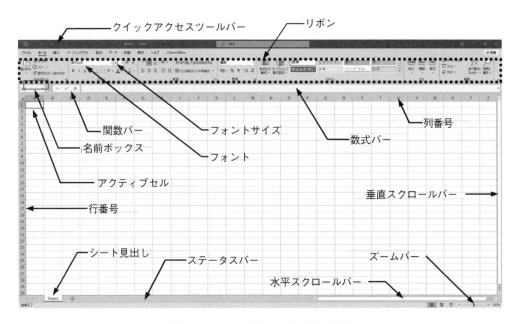

図 5-1　Excel を立ち上げた直後の画面

　一番上の段はクイックアクセスツールバーといい，「上書き保存」や「元に戻す」，「タッチ／マウスモードの切り替え」のコマンドが配置されています．その他ユーザー設定により，保存や印刷，関数，グラフなどよく使うコマンドを配置することもできます．中央には現在編集中のファイル名（デフォルトでは Book1）が表示されます．その下には，他のソフトでメニュー，ツールバーに相当するリボンとよばれるタブがあり，使用目的にあわせた一連のコマンドがまとめて配置されています．リボンの下には，左端に「A1」と表示されている少し幅の狭いバーがあり，右側半分以上は空白になっています．この空白部分を数式バーまたは入力ボックスと呼びます．名前は「数式バー」ですが文字や記号なども入力できます．

表の上端には，A,B,C という英文字が横に並び，次の行からは左端に 1,2,3 という数字が縦に並んで，白いマスが一面に並んでいます．ひとつひとつのマスを「セル」と呼びます．右側にはスクロールバーがあるので試しに下矢印を押し続けてみると，どんどん上の方に流れていき無限にスクロールするような気がします．

セルの下には 2 行のバーがあり一番下はステータスバーといい，現在の状況（ステータス）を表示します．その上のバーの右半分には水平スクロールバーがあります．このバーを動かして，セルを左右に動かします．同じバーの左側には，Sheet1 というワークシートの見出しがあります．ワークシートというのは現在表示されているセル全体のことです．つまりこのままの状態でワークシートが 1 枚あるというわけです．このワークシートにこれからいろいろなデータを入力していくことになります．

5.2 セル

5.2.1 アクティブセル

Excel では，画面に並ぶひとつひとつのセルが操作の基本単位となります．セルに数字，文字，数式を書き込んで，表を作ります．表に罫線を引き，色を付け，文字を拡大・縮小する機能もありますが，これらデザインの指定もセルに対して行います．入力する時はまず，入力したいセルをクリックします．すると，そのセルのみが太い枠で囲まれて入力できるようになります．このセルの状態をアクティブな状態といい，そのセルをアクティブセルと呼びます．

セルは碁盤の目のように並んでいるので，列番号（英字）と行番号（数字）の組み合わせでセル番号がつけられています．どこかのセルをアクティブにしてみて下さい．そこでワークシートのすぐ上の数式バーの左端を見て下さい．アルファベットと数字を組み合わせた記号が表示されているはずです．別なセルをアクティブにしてみて，表示が変わることを確認してください．ここに表示されるものをセル名といい，アクティブセルの列（縦）が英文字で，行（横）が数字で表現されます．

アクティブセルはマウスでクリックする以外にも変更する方法があります．たとえばキーボードの矢印キーを用いて上下左右に動かすことができます．下や右にアクティブセルを動かして画面の外に出そうとするとワークシート全体がスクロールして，アクティブセルが常に画面に見えるようになります．

5.2.2 セルへの文字や数値の入力

セルに数値や文字を入力するには，セルの 1 つをアクティブにしてキーボードから入力します．ここで注意することは，半角の数字が数値として Excel に理解されることです．日本語入力機能 IME が全角入力でも数字は数値とみなされ自動的に半角にされます．

アクティブセルに何か入力するとワークシートの上の入力バーにタイプした文字や数字がそのまま表示されていることに気が付くはずです（図5-2）. 何か入力したら, Enter キーを押します. これで1つのセルに対する入力が終了（確定）します. Enter キーを押さずに別なセルをクリックしてアクティブにしてみて下さい. するとそれでも

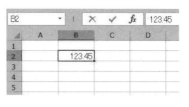

図5-2　セルへの入力

同じようにセルへの入力が確定されます. しかし, この方法はあまりおすすめできません. なぜなら, 後述のようにこの操作は別の意味がある場合が多いからです. ですから, 最初のうちはセルに値や文字を入力したら, まず Enter キーを押す習慣をつけましょう.

次に, 入力した数値や文字を修正したり, 消したりする方法を覚えましょう. 既に入力してあるセルをアクティブにします. すると, 数式バーにそのセルの内容が表示されます. ここで, BackSpace キーを押すと内容がすべて消去されます. Delete キーを押しても同じです. セルに入力した数値や文字は, Enter キーを押して確定されるまでは BackSpace キーを押せば, 1文字ずつ消去できます. ここで Esc キーを押すと, セル内容すべてが消去されます.

セルの内容を修正する時は, 入力バーにマウスポインタ ✛ を持って行き, クリックします. すると, 入力してある文字や数値を修正できます. この状態で BackSpace キーを押してもセルの内容がすべて消えることはなく, 一文字ずつ消去されていきます. 修正が終わったら Enter キーを押して, セルの内容を確定してください. また, 修正ではなく全く新しい内容に書き直したい場合はセルをアクティブにした後, 数式バーをクリックせずに新しい内容をタイプだけで古い内容が消去され, 新しい内容が入力・確定されます.

＜演習 5-1＞　セルに長い文字列（文字の並び）やケタ数の大きな数値を入力してみなさい. どのようになりますか.

解答：省略.

5.2.3　セル選択

セルの選択という操作は Excel において非常に重要ですからよく覚えて下さい. あるセルをマウスでクリックしてアクティブにするということは, そのセルを選択する, ということです. この場合「アクティブセル＝選択されたセル」の関係が成り立っています. では, 複数のセルを同時に選択する時はどうしたらいいでしょうか.

■複数のセルをブロックとして選択する

複数のセルを1つのブロックとして選択する時には, ブロックの角のセルを1つクリックして, そのままマウスをドラッグ（ボタンを押したまま動かす）するか, 名前ボックスにセル範囲を図5-3のように書き込み Enter キーを押します. マウスを使わなければ, あるセルをアク

ティブにしておいて $\boxed{\text{Shift}}$ キーを押しながら，上下左
右の矢印を押せば選択範囲がそれに応じて拡大縮小し
ます．このように，セルを 1 つのブロックで複数選択
する時は，選択セル名すべてでそのブロックを表現す
るのではなく「最も左上のセル」で表現されます．たと
えば，セル A2,A3, A4,B2,B3 ,B4,C2 ,C3,C4 を含むブ
ロックは，名前ボックスに「A2」と表現されます（図
5-3）．

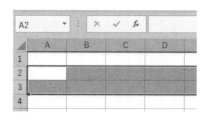

図 5-3　複数セルの選択

■行または列全体のセルを選択する

行または列全体のセルを選択する時には，この場合
はセルに対してではなくワークシートの上と左にあ
る行と列の番号や英文字をクリックします（図 5-4）．
複数の行や列を選択する時はセルの場合と同じよう
にドラッグして選択範囲を拡大縮小して下さい．

図 5-4　行全体の選択

■複数のブロックを選択する

複数のブロックを選択する時は，マウスのみでは選択できません．この場合まず，1 つのブ
ロックのセルを選択した後，$\boxed{\text{Ctrl}}$ キーを押しながら他のブロックのセルを選択します．この操
作を繰り返せば，離れたブロックのセルを選択することができます．連続していない行や列を
選択する時は前述の行や列の選択を $\boxed{\text{Ctrl}}$ キーを押しながら行えばよいのです．

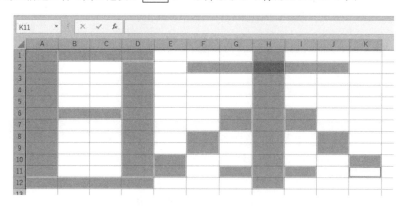

図 5-5　複数セルの選択練習

＜演習 5-2＞　図 5-5 のようなセルの選択を再現してみなさい．
　　解答：省略．

5.2.4 セル内容の移動・複写

入力したセルの内容をそのままに，別のセルに動かす方法を説明します．ワークシートが多くの表で込み合ってきた時や印刷する時に見栄えを整えるために便利なテクニックです．まず，前述の方法で移動したいセルや行，列を選択します．選択する範囲は複数のセルや行，列でも構いませんが必ず1つのブロックでなければなりません．選択後，選択範囲の外周（少し太くなっています）をマウスドラッグすれば範囲全体が移動します（図5-6）．移動先まで運びマウスボタンを離せば移動が完了です．移動先のセルにすでに何かデータが入力されていると警告が出ますが，上書きすることも可能です．

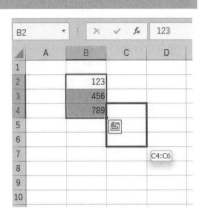

図 5-6　セル内容の移動

Word や他のソフトウェアと同様に Excel においても，いわゆるカットアンドペーストやコピーアンドペーストを行うことができます．Excel で少し異なるのはセルを選択して，メニューの編集からコピーを選択するとセルに表示されている情報だけではなく，そのセルに含まれるその他の情報（フォントやサイズの指定など）までがクリップボードにコピーされることです．

セルに数式が入力されている場合には数式がコピーされ，ペーストすると数式の結果（数値）ではなく数式そのものがペーストされます．数式ではなく数値のみをペーストしたい時は図5-7に示す「値の貼り付け」を選択するか，「形式を選択して貼り付け」へ進み「値」を選びペーストして下さい．

図 5-7　数値のみの貼り付け

5.2.5 セルの挿入と削除

入力していると，入力するデータはあるのに空きセルが不足することがあります．この時には，セルを挿入すればよいのです．時には，セルを削除して見やすくする必要も出てきます．セルを挿入する方法には 2 つあります．1 つは行または列を挿入する方法，もう1 つはセルのみを挿入する方法です．

図 5-8　行の挿入

■行または列単位でセルを挿入する

　セルを行または列単位で挿入する場合は次のようにします．まず，行や列を挿入したい位置の直後の行または列を選択します．そして，メニューの挿入から行または列を選択（図 5-8）すれば新しい行や列が挿入され，それ以後のセルが下や右に押し出されます．そのまま同じことを繰り返せば複数の行や列が挿入できます．

■セルを挿入する

　セルを挿入する際には挿入した結果，挿入部分のセルと周囲のセルを右に押し出すか，下に押し出すかを考えて挿入する必要があります．それが決まったら新しいセルを挿入したい部分にあるセルをアクティブにして，図 5-9 に示す「挿入」から「セル」を選択します．右方向あるいは下方向へのシフトを選択するダイアログボックス（小さなウインドウ）が表示されますから，どちらかを選択した後 OK を押せば完了です（図 5-9）．

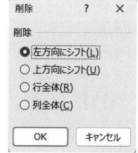

図 5-9　セルの挿入

■セルを削除する

　セルを削除するのも挿入と同様に，行・列単位で行う方法とセル単位で行う方法があります．行または列を削除する時は削除したい行や列を選択し，図 5-10 に示す「削除」を選択します．残ったセルは自動的に上や左にシフトされます．セルのみを削除するときは削除したいセルを選択した後，同じようにメニューの「セルの削除」を選

図 5-10　行の削除　　　図 5-11　セルの削除

択すると，削除された部分に下からセルを動かしたいか，右からセルを動かしたいかを尋ねるダイアログが表示されますからどちらかを選びます（図 5-11）．

5.3　データの入力と数値データの処理と演算

　「バブル経済」の崩壊後，低迷を続けている日本経済では，物価の持続的な低下がみられ，デフレーション（deflation）にあるといわれます[1]．物価の下落により，企業収益が悪化し，多くの失業者を出すことが懸念されています．経済活動の水準は上下の周期的な変動，すなわち，景気循環をともなっています．景気循環は，四つの局面にわけられます．不況から経済活動が

---

[1] 1980 年代後半の日本経済は株価や地価が上昇し，金あまり現象で経済活動がバブル（泡）のようにふくれあがった異様なほどの好景気でした．しかし，90 年代には株価が下落し，91 年には地価も下がり始め，バブルがはじけて，景気は一転して長い不況に突入しました．

上昇する「回復」，経済の拡大が続き，生産・投資・雇用が増える「好況」，需要に対して生産が過剰となり，生産が減退して，投資・雇用の縮小が始まる「後退」，経済活動が沈滞におちいり，底に達する「不況」です．

好況期の局面では，通貨量の増大がみられ，それが過大になると物価は上昇し，インフレーションが発生します．不況期には通貨量が減少し，物価が低落する状態（デフレーション）が生じます．

Excel を使って日本経済の現状を調べてみましょう．まず，景気の動向を調べます．ワークシートに，図 5-12 のデータを入力して下さい[2]．前項で数値の入力については説明しました．半角で入力するのを忘れないでください．変数名など日本語文字を入力するには，セルをアクティブにした後，IME を日本語入力モードにします．

一般に，実験や観測から得られた数値は，データ（data）と呼ばれます．データを集めることで，自然現象や社会・経済現象を具体的に調べることができるようになります．データを集める方法には，同じ時点で異なる複数の対象から集めるクロスセクション（cross-section）のデータと，1 つの対象についての異なった時点における時系列（time series）のデータがあります．

	A	B	C
1	西暦	実質GDP	
2		（10億円）	
3	1989	440200.9	
4	1990	463058.7	
5	1991	478151.7	
6	1992	482920.7	
7	1993	484363.9	
8	1994	489277.2	
9	1995	498696.7	
10	1996	515785.6	
11	1997	525243.1	
12	1998	519323.1	
13	1999	519834.7	
14	2000	534410.5	
15	2001	536015.6	
16			

図 5-12 日本の実質 GDP

列 B には，実質 GDP と呼ばれる国民経済の大きさを示す指標を，10 億円単位で入力しています．GDP は国内総生産（Gross Domestic Product）の略称で，一定期間（通常は 1 年間）に一つの国の国内で新しく生産された付加価値の合計を意味しています．物価変動を除いた GDP を実質 GDP といいます．

経済活動の規模が拡大すれば，GDP は増加します．実質 GDP の増加率を実質経済成長率とよびます．増加率は，$t-1$ 年を基準として，次のように定義されます．

$$\frac{x_t - x_{t-1}}{x_{t-1}} \qquad t = 2, 3, \cdots, n$$

実質経済成長率を計算してみましょう．数式をセルに入力する時は，半角の等号「=」から始めます．1990 年の成長率の計算式は，セルで表示すると次のようになります．

---

[2] GDP データは，内閣府経済社会総合研究所（www.esri.cao.go.jp）を参照しました．

$$\frac{x_t - x_{t-1}}{x_{t-1}} = \frac{90\,\text{年実質 GDP} - 89\,\text{年実質 GDP}}{89\,\text{年実質 GDP}} = \frac{B4 - B3}{B3} = (B4 - B3)/B3$$

表のセル C4 をアクティブにして,「=(B4-B3)/B3%」と入力します. 百分率 (%) 表示にするため, 数式の最後に「%」という演算子を加えます. セル名や計算演算子を入力するときは半角で入力することに注意して下さい. 英文字は大文字でも小文字でも構いません.

等号「=」を入力したとたん, 数式バーに「=」が表示され, 入力バーの左端のセル名 (C4) の表示が「SUM」などの別な表示 (エクセル関数名) に変わります. これで数式を入力する準備ができました.

等号「=」の後には, 計算の内容を示す文字を入力し, これらの文字を計算演算子で区切ります. 数式は, 各演算子に対する特定の順序に従って左から右へと計算されますが, 括弧を使って数学で使う数式と同じように順序を変えることもできます. 算術計算の演算子は, 表 5-1 に示すものが準備されていますので, これらを適宜用い, 数式を完成させます.

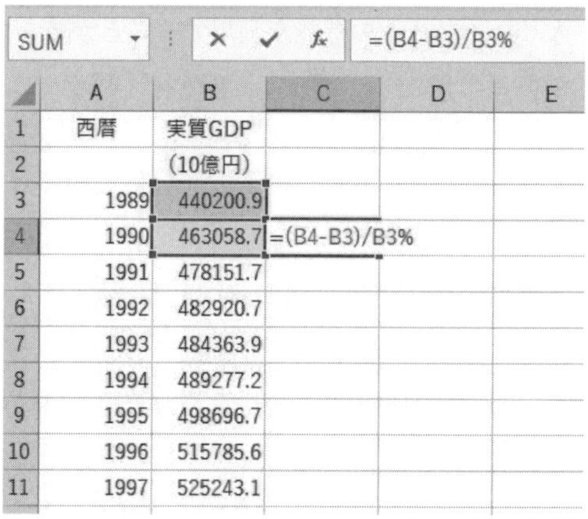

表 5-1 算術計算の演算子

演算子	呼び名	内容
=	等号	等しい
+	プラス記号	加算
−	マイナス記号	減算
*	アスタリスク	乗算
/	スラッシュ	除算
^	ハット記号	べき乗
%	パーセント記号	パーセンテージ

図 5-13 のように数式でセルを指定する場合は, セル番号を使います. セル番号は A5 や B10 のように直接記入して指定する以外に, カーソルキーやマウスを動かして指定することもできます.

図 5-14 (左図) に示すように, セル番地を直接指定しない場合は, セル C4 に「=」と「(」を入力した後, セル番号を参照しようとしているセル (例えば B4) にマウスポインタ (✚) を持っていって 1 回だけクリック

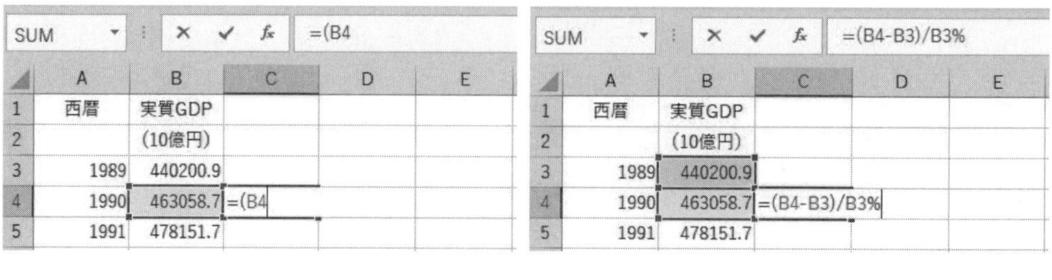

図 5-13 セルへの数式の入力

図 5-14 カーソルキーやマウスによるセルの参照と数式

します．するとセル C4 と入力バーの両方に「B4」が入力され，セル B4 は点線で囲まれます．次に演算子「－」を押し，次のセル「B3」をクリックし「）」を入力すると，セルの内容は「=(B4－B3)」になります（図 5-14，右図）．数式を入力し終えたら， Enter キーを押して確定してください．「5.192584」という計算結果がセル C4 に返されます．もう一度同じセル（C4）をアクティブにすると，数式バーには式が表示され，ワークシート内のセルには結果としての値が表示されていることがわかります．

<演習 5-3>　図 5-15 の左側に示す数値について Sheet2 を使い，A1+B1（足し算），A1－B1（引き算），A1×B1（掛け算），A1/B1（割り算）を図 5-13 のようにして求め，列 C に記入しなさい．

解答：答えは順に，15，9，36，4 です．

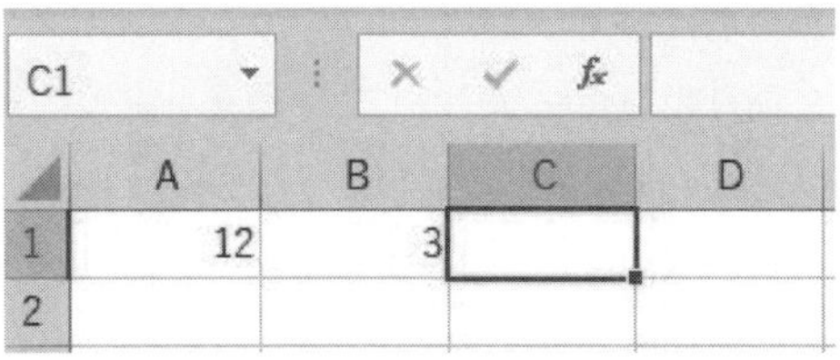

図 5-15　四則演算の練習問題

5.4　数式のコピー＆貼り付け

　1991 年以降の実質経済成長率を計算してみましょう．同じ形式の数式をセルに入力するときには，コピーの機能を利用することができます．

　まず図 5-16 に示すように表のセル C4 をアクティブにして，「=(B4-B3)/B3%」と入力します．数式バーにも同じ内容が表示されます．次に C4 セル枠の右下にカーソルを合わせます．カーソル形状が黒十字になったら，マウスボタンを右クリックし，そのまま同じ計算を繰り返す位置（C15）までドラッグします．これにより C5 から C15 セルまで計算式が貼り付けられ，計算結果が記入されます．

　セル C5 をアクティブにし，入力バーを見ると「=(B5-B4)/B4%」と表示されているはずです．上記の操作によりセル C4 の「=(B4-B3)/B3%」という内容がコピーされセル C5，C6，…と順次貼り付けられ，参照するセルも「=(B5-B4)/B4%」，「=(B6-B5)/B5%」と順次自動的にかわります．これは，セル C4 で指定する「=(B4-B3)/B3%」

図 5-16　数式のコピーによる方法

の B4 や B3 というセル番地が，相対指定となっているからで，実際には「(隣のセル−1つ上のセル)÷1つ上のセルのパーセンテージ」という意味であるからです．つまり，入力式中のセルにおいては，Excel がセルの名前としてではなく，アクティブセルとの相対的な位置関係で記憶しているためです．このようなセルの参照方法を相対指定と呼び，セル指定の一般的な方法です．一方，このように相対指定をせず，一度指定したセル名を固定したい時は絶対指定という方法を用います．この場合は「B4」，あるいは「B$4」というように半角の「$」を行や列の前に挿入します．

簡単に数式をコピーしその結果をセルに書き込むには，図 5-16 のように，最初の数式が書き込まれた C4 セルの右下に十字カーソルが現れるのを待って，マウス左ボタンを押しながら必要個所まで下降させボタンを解放（ドラッグ操作）すれば，C4 セルの数式がコピーされ自動的に計算結果が記入されます．便利な使い方なので，マスターしておきましょう．

さて，表を完成するには，計算結果 C4〜C15 の項目名を付けます．セル C1 に「経済成長率」，セル C2 に「（%）」と入力しておいてください．ここで，消費者物価指数のデータが，表 5-2 のように与えられているとします[3]．

このデータをもとに図 5-16 の表の列 D に消費者物価指数のデータを入力し，列 E に消費者物価指数の上昇率を計算してみましょう．上昇率の計算式の形式は，成長率と同じですから，C4〜C15 の式を E4〜E15 に複写してもよいでしょう．最終的に図 5-17 のようになれば完成です．

表 5-2　消費者物価指数の上昇率

年	物価指数	年	物価指数
1989	89.3	1996	98.6
1990	92.1	1997	100.4
1991	95.1	1998	101.0
1992	96.7	1999	100.7
1993	98.0	2000	100.0
1994	98.6	2001	99.3
1995	98.5		

	A	B	C	D	E
1	西暦	実質GDP	経済成長率	物価指数	物価上昇率
2		(10億円)	(%)		(%)
3	1989	440200.9		89.3	
4	1990	463058.7	5.1925837	92.1	3.1354983
5	1991	478151.7	3.2594140	95.1	3.2573290
6	1992	482920.7	0.9973822	96.7	1.6824395
7	1993	484363.9	0.2988482	98.0	1.3443640
8	1994	489277.2	1.0143820	98.6	0.6122449
9	1995	498696.7	1.9251868	98.5	-0.1014199
10	1996	515785.6	3.4267121	98.6	0.1015228
11	1997	525243.1	1.8336107	100.4	1.8255578
12	1998	519323.1	-1.1270971	101.0	0.5976096
13	1999	519834.7	0.0985129	100.7	-0.2970297
14	2000	534410.5	2.8039298	100.0	-0.6951341
15	2001	536015.6	0.3003496	99.3	-0.7000000

図 5-17　物価上昇率の計算

---

[3] 消費者が小売段階で購入する財・サービスの価格を取引額の大きさに応じて加重平均したものを消費者物価といいます．基準年次の平均価格を 100 とした指数の形で表されます．データは，総務省統計局・統計センター（www.stat.go.jp）のホームページを参照しました．なお，経済関係のデータには1月〜12月までの暦年でみたものと，4月〜翌年3月の年度でみたものがあります．混在させないように注意してください．

<演習 5-4> Excel では，リボンの「ホーム」にある「挿入」から行や列の追加ができます．作成した表の途中に，行や列を挿入すると，行番号や列番号はどのように変化するでしょうか．

解答：省略

<演習 5-5> 数式の機能を用いて，Excel を電卓の代わりに使用することができます．空いたセルを使い，$(3+6) \times 2 - 45/9$ や $(5+3) \times (8+9)/2 - 3$ を計算して確かめてください．

解答：13，65

5.5 関数の利用

算術演算子だけでは処理しきれないような複雑な計算を行うには，関数が準備されていますので，これを利用します．

5.5.1 関数の種類

関数は使用頻度の高い「オートSUM」，「最近使用した関数」，「財務」，「論理」，「文字列操作」，「日付/時刻」，「検索/行列」，［数学/三角］がリボンに表示され（図 5-18），「統計」などは図

図 5-18 数式と関数の挿入

5-18 の左側にある「関数の挿入」をクリックし「関数の分類」で目的に応じた分類を選択すると「関数名」とともに簡単な内容が表示されるようになっています．

5.5.2 関数の書式

Excel は個々のセルに入った値を関連付けることで計算を行います．Excel で利用できる関数も，セルとセルをそれぞれの計算手順で関連付けます．Excel の関数は次のような書式に従っています．

=関数名(引数 1, 引数 2, ・・・, 引数 n)

数式と同様に，関数を入力するときは「=」（イコール）を先頭に入力します．「=」の後に，関数名を入れ，引数（ひきすう）をカッコで囲みます．引数の意味や順番が個々の関数で異なります．先頭のイコールを付け忘れると，ただの文字列として認識されてしまいます．

関数名は「COS」（コサインを求める関数）や「STDEV」（標準偏差を求める関数）などのことで，入力は大文字でも小文字でも構いません．自動的に大文字に変換されます．関数名を間違えるとエラーが出ます．

引数 1, …, 引数 n は，関数の実行に必要な情報を与えます．引数の数は関数によって異な

ります．たとえば，円周率を与える関数「PI」に引数はありません．その場合でも，カッコは
必要です（＝ PI() としてセルに数値を与える）．最大値を求める関数「MAX」などのように，
多くの引数を用いることができる関数もあります．引数は，数値であったり，文字列であった
り，セル参照であったりします．引数と引数の間には半角の「,」（カンマ）を入れます．また，
引数の順番には意味があるので，正しい順番で引数を指定しなければなりません．

■数学関数

	A	B	C	D
1	三角関数	SIN(60)	=SIN(60/180*3.141592653589)	0.866025404
2	エクスポネンシャル	e^4.2	=EXP(4.2)	66.68633104
3	べき乗	10^6.1	=POWER(10,6.1)	1258925.412
4	自然対数	ln(20)	=LOG(20)	1.301029996
5	常用対数	log(1.7)	=LOG(1.7)	0.230448921
6	円周率	π	=PI()	3.141592654
7	自然対数の底	e	=EXP(1)	2.718281828

図 5-19　主な数学関数の表記とその値

　セルに記入する三角関数，エクスポネンシャル，べき乗，対数などの表記とその値は，図 5-
19 に示すようになります．三角関数は角度（degree）ではなくラジアン（radian）値を使いま
すので，セル C1 に示すように（ラジアン＝角度／180×π）を用い変換しておく必要がありま
す．円周率 π（3.141592654）や自然対数の底 e（2.7182818285）は，標準で小数点以下 10 桁
まで準備されています．

　セルの桁数は，リボンの「セル」，「書式」を選ぶと「セルの書式設定」ボックスが表れ，
「表示形式」の「数式」を選択すると，小数点以下の桁数（0～30）を指定できます（5.7.2 Excel
でセルの書式を設定して見た目を整える　参照）．正負の符号が必要であれば，マイナス記号が
付いた数字を選びます．

■論理命令

　論理命令には，AND，FALSE，IF，NOT，OR，TRUE が準備されています．AND 文をみ
ると，例えば図 5-19 に示すあるセルで「=AND(D2>1, D2<10)」と表記し Enter キーを押せ
ば，そのセルには FALSE が書き込まれます．これは，D2 セルの値が約 66.69 であり，1 以上
であるが 10 以下ではないからです．「=AND(D2>1, D2<100)」とすれば，もちろん TRUE が
書き込まれます．

　また，IF 関数を用いてセルに「=IF(A3>10,10,0)」のように記述したとします．これは，「セ
ル A3 が 10 よりも大きいか？」を判断し，「もし真（Yes）ならそのセルに 10 を入力せよ」，
「もし偽(No)ならそのセルに 0 を入力せよ」という意味を持っています．同様に，「=IF(A3>80,
"合格","不合格")」とすれば，セル A3 の値が 80 よりも大きいとき，"合格" と書き込まれ，条
件が偽の時には "不合格" と書かれます．

統計分類に用いられる関数 COUNTIF があります．これは指定した範囲内で検索条件に一致したセルの個数を求める（返す）関数です．検索条件を設定できるので，応用範囲が広く，書式では COUNTIF(範囲, 検索条件) と書きます．範囲には，個数を求めたいセルの範囲を A1:A9 のように指定します．検索条件には，数値，文字列，式で指定します．式（<, >, =）や文字列で検索条件を指定する場合は，半角のダブルクォーテーション「"」で囲む必要があります．

セルの数を数えるには COUNT, COUNTIF, COUNTIFS の関数を使います．COUNTIFS（範囲1, 検索条件1, 範囲2, 検索条件2, …）と書くことで，2つ以上の条件を満足するような抽出が可能とります．例えばある集団で，80点以上を獲得した女性は何人いるかといった使い方ができます．

<演習 5-6> 図 5-20 は，ある日の気温（度）と湿度（%）の時間変化を示している．気温を B 列，湿度を C 列に 3 行目から書き込み，COUNTIF を使用して，気温 7.5 度以上の個数，湿度 60% 以下の個数を求めなさい．

ヒント：COUNTIF の書式は「=COUNTIF(範囲, 検索条件)」で，範囲にはセルの個数を求めるセル範囲を指定します．検索条件には計算を定義する条件を，数値，式，または文字列で「B3:B26」のように指定します．式および文字列を指定する場合は，">=7.5", "<=60"のように，半角のダブルクォーテーション「"」で囲む必要があります．
解答：B27 セルに「 =COUNTIF(B3:B26,">=7.5")」, C27 セルに「=COUNTIF(C3:C26,"<=60")」

<演習 5-7> 図 5-20 を使い，①気温 5 度以上で 12 度未満の個数を求めなさい．②気温 13 度以上で，湿度が 50%以下の個数を求めなさい．

ヒント：例えば AND を用い，セル D3 を「=AND(B3>=5, B3<12)」とし，コピー・ペースト機能を使い B3 から B26 までを求めると，D 列には "FALSE", "TRUE" のいずれかが記入されます．条件は "TRUE" なので，D27 セルに「=COUNTIF(D3:D26, "TRUE")とすれば求められます．また，COUNTIFS（範囲1, 検索条件1, 範囲2, 検索条件2）を用い，範囲1に「B3:B26」，検索条件1に「">=5.0"」，範囲2に「B3:B26」，検索条件2に「"<12"」のように指定しても求められます．②は各自試みてください．
解答：省略．

	A	B	C
1	時刻	気温	湿度
2		(℃)	(%)
3	0:00	5.8	78
4	1:00	5	80
5	2:00	4.6	80
6	3:00	5.1	75
7	4:00	4.5	78
8	5:00	3.6	80
9	6:00	3.7	80
10	7:00	5.4	74
11	8:00	8.1	63
12	9:00	10.8	52
13	10:00	12.2	56
14	11:00	13.1	44
15	12:00	13.5	41
16	13:00	13.4	44
17	14:00	13.6	45
18	15:00	13	51
19	16:00	11.4	56
20	17:00	9.9	63
21	18:00	9.2	65
22	19:00	7.7	70
23	20:00	7.2	72
24	21:00	6.4	73
25	22:00	6.4	73
26	23:00	6.5	68

図 5-20　気温と湿度の時間変化

■関数：文字列の処理

文字列を処理する関数に引数を与えるときは，引数が文字列であるかどうかを注意する必要があります．

CONCATENATE 関数は，複数の文字列を結合して，1 つの文字列にすることができます．例えば，「=CONCATENATE("abc","def","xyz")」とセルに入力すると，そのセルには「abcdefxyz」という文字列が出力されます．引数の文字列は「"」（半角のダブルクォーテーション）で，挟まれています．ただし，セル参照で，文字列を結合させる時には，図 5-21 のように入力します．

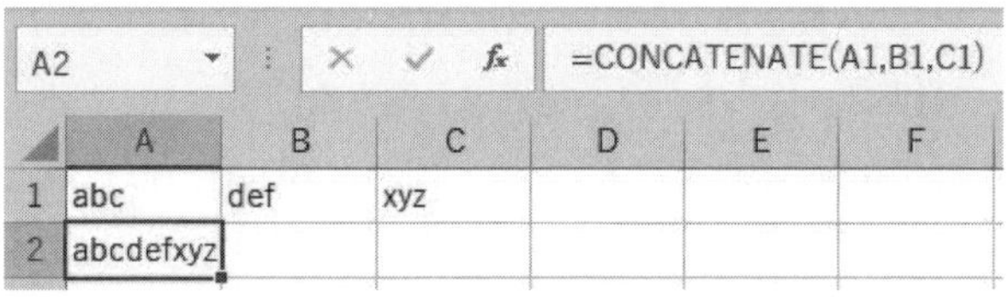

図 5-21　文字列の結合

LEFT 関数，RIGHT 関数，MID 関数は，セル内の文字列から一部の文字を取り出す関数です．例えば，LEFT（文字列，文字数）は文字列の先頭から文字数分の文字列を取り出すことができ，「=LEFT("abcdefxyz",3)」とセルに入力すると，そのセルには先頭 3 文字「abc」が出力されます．「=LEFT(A2,3)」のように引数として"文字列"の代わりにセル番号を入れてセル参照すると，A2 セル内の文字列「abcdefxyz」の先頭 3 文字「abc」が出力されます．RIGHT（文字列，文字数）は文字列の末尾から文字数分の文字列を取り出すことができ，「=RIGHT(A2,3)」とすれば A2 セル内の文字列「abcdefxyz」の末尾 3 文字「xyz」が出力されます．MID（文字列，開始位置，文字数）は文字列の指定位置から文字数分の文字列を取り出すことができ，「=MID(A2,4,3)」とすれば A2 セル内の文字列「abcdefxyz」の 4 番目の文字から 3 文字「def」が出力されます（図 5-22）．

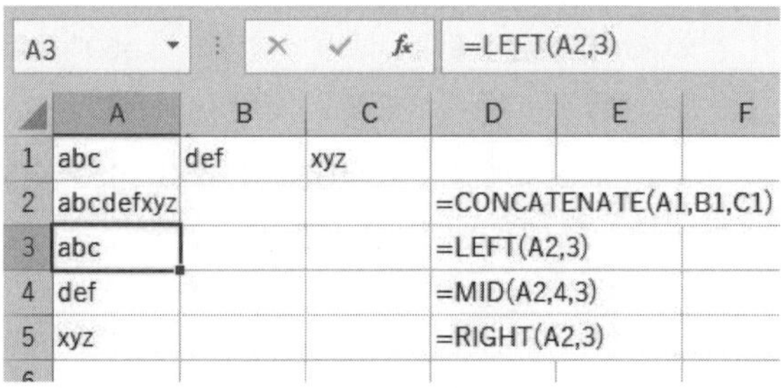

図 5-22　文字列の取り出し

LEN 関数は，指定されたセル内の文字数を数える関数です．例えば，「=LEN("abcdefxyz")」または「=LEN(A2)」とセルに入力すると，そのセルには A2 セル内の文字列「abcdefxyz」の文字数「9」が出力されます（図 5-23）．

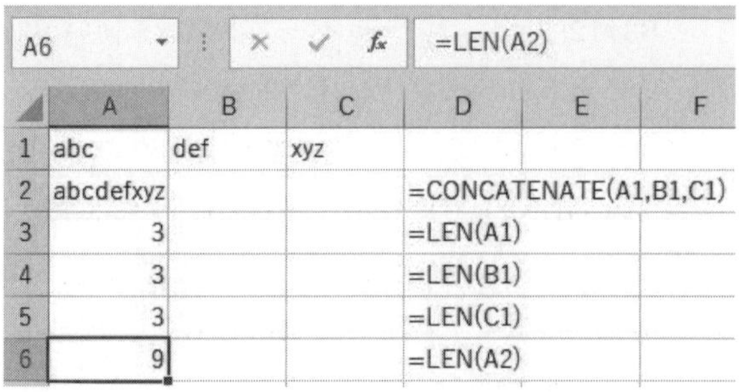

FIND 関数と SEARCH 関数は，セ

図 5-23　文字列の文字数計数

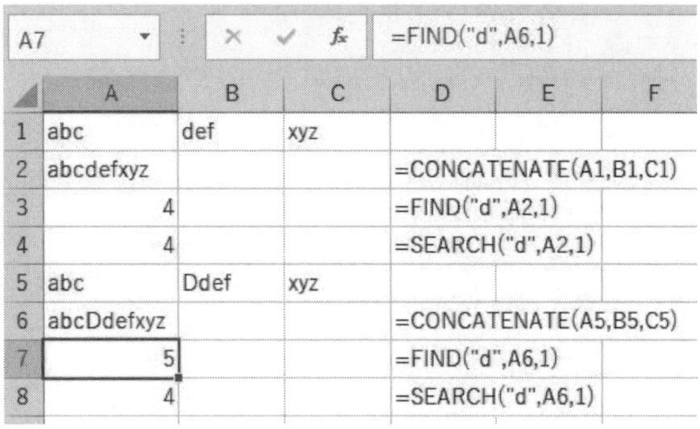

ル内の文字列を検索する関数です．例
えば，FIND（検索文字列，対象，開
始位置）は対象文字列内での検索文字
列 の 位 置 を 調 べ る こ と が で き，
「=FIND("d","abcdefxyz",1)」 または
「=FIND("d", A2,1)」とセルに入力す
ると，そのセルには A2 セル内の文字
列「abcdefxyz」の先頭（1 文字目）か
ら数えた場合の文字列「d」の位置「4」
が出力されます（図 5-24）．SEARCH

図 5-24　文字列の検索

関数も，「=SEARCH("d","abcdefxyz",1)」とセルに入力すると，そのセルには「4」が同様に
出力されます（図 5-24）．なお，FIND 関数は大文字と小文字を区別するが SEARCH 関数は
大文字と小文字を区別しないという違いがあるため，同じアルファベットの大文字と小文字が
含まれるような文字列（abcDdefxyz など）を検索対象にする場合は FIND 関数
「=FIND("d","abcDdefxy",1)」では「5」，SEARCH 関数「=SEARCH("d","abcDdefxy",1)」で
は「4」と結果が異なるので注意が必要です（図 5-24）．

　REPLACE 関数と SUBSTITUTE 関数は，セル内の文字列を置換する関数です．例えば，
REPLACE（文字列，開始位置，文字数，置換文字列）は対象文字列内の開始位置から指定さ
れた文字数を置換文字列に置換することができ，「=REPLACE("abcdefxyz",4,3,"DEF")」とセ
ルに入力すると，そのセルには文字列「abcDEFxyz」が出力されます（図 5-25）．SUBSTITUTE
（文字列，検索文字列，置換文字列，置換対象）は対象文字列内の検索文字列の置換対象（何
番目）を置換文字列に置換することができ，「=SUBSTITUTE("abcdefxyz","def","DEF",1)」と
セルに入力すると，そのセルには文字列「abcDEFxyz」が出力されます（図 5-25）．REPLACE
関数と SUBSTITUTE 関数は同じ結果を出力できますが，「=REPLACE("abcdefxyz",4,3,
"DEF")」と「=SUBSTITUTE("abcdefxyz","def","DEF",1)」のように引数の並び順が異なるの
で使用時に注意が必要です．

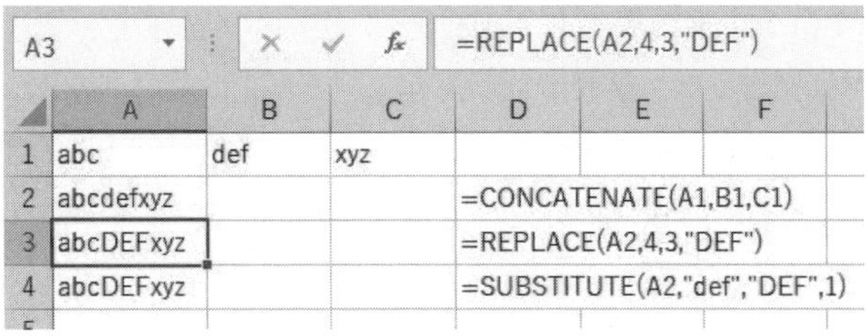

図 5-25　文字列の置換

＜演習 5-8＞　ある学生のメールアドレス「shizuoka.fujiko.24@shizuoka.ac.jp」「hamamatsu.sanaru.23@shizuoka.ac.jp」「izuno.odoriko.22@shizuoka.ac.jp」（数字は入学年度の西暦下 2 桁を意味する）から，それぞれの学生の名字（姓）と名前のアルファベット文字列・文字数を求めなさい．なお，同じ形式のメールアドレスなら名字と名前がそれぞれ異なる学生でも同様に正しくアルファベット文字列・文字数を取り出せるように関数を使用して求めること．

ヒント：まず，名字と名前の間に半角ドット「.」が必ず入ることと名前の後ろに半角ドット「.」と半角 2 桁数字（入学年），半角「@」が必ず入ることに注目し，FIND 関数を用いて 1 つ目の「.」と 2 つ目の「.」，「@」の位置を調べます．次に，これらの記号と名字・名前の位置関係から，LEFT 関数と MID 関数を用いて名字・名前の文字数・文字列を求めます．例えば，名字はメールアドレスの先頭（左端）から 1 つ目半角ドット「.」の左隣までの文字列なので，最初の半角ドット「.」の位置から 1 を減じた数字が名字アルファベット文字数になります．したがって，LEFT 関数を用いて先頭（左端）から名字アルファベット文字数分の文字列を取り出せば，名字アルファベット文字列になります．また，名前は 1 つ目半角ドット「.」の右隣から 2 つ目の半角ドット「.」（半角「@」の 3 つ前）の左隣までの文字列なので，2 つ目の半角ドット「.」（半角「@」の 3 つ前）の位置から 1 つ目の半角ドット「.」の位置を減じてさらに 1 減じた数字が名前アルファベット文字数になります．したがって，MID 関数を用いて 1 つ目の半角ドット「.」の右隣から名前アルファベット文字数分の文字列を取り出せば，名前アルファベット文字列になります．

解答：省略．

5.5.3　関数の貼り付け

Excel 関数の数は非常に多いのですが，使用目的がわかっていれば，関数の名前や引数の与え方などを覚えていなくても必要な関数を入力することができます．

図 5-18 にある「関数の挿入」をクリックし「関数の分類」で「数学/三角」を選択すると，図 5-26 のようなダイアログボックスが表示され，メニュー形式で関数の入力ができるのです．

使いたい関数を選択して OK ボタンをクリックすると，入力バー（あるいはアクティブセル）にその関数が入力されます．その後，引数を入力するためのダイアログボックスも表示さ

図 5-26　使用関数の検索

れますが，説明に従って数値やセル名を入力して OK ボタンをクリックすれば完了です．セル名をマウスで指定したい時は，「関数の引数」ダイアログボックスにある入力ボックスの右の 🔢 を押してワークシート上でセルまたはセル範囲を指定して下さい．ほかにも関数を入力する方法はありますが，基本に戻って入力ダイアログに関数や引数をタイプすることを前提にして話を進めていきます．

<演習 5-9> 図 5-27 の数値の総和，平均，最大値，最小値，中央値，標準偏差を求めなさい．
ヒント：総和は「=SUM(範囲)」，平均は「=AVERAGE(範囲)」，最大値は「=MAX(範囲)」，最小値は「=MIN(範囲)」，中央値は「=MEDIAN(範囲)」，標準偏差は「=STDEV(範囲)」で与えられます．

解答：省略

	A	B	C	D
1	123	155	168	144
2	185	172	171	156
3	195	149	150	

図 5-27 関数の利用例

5.5.4 相関分析

自然現象や社会現象の中には，2 つ以上の現象（変数）が組になって同時に変化するものが多くみられます．2 つの変量の間に関係があるかどうか，あるとすればどの程度かなどを分析するのが相関分析です．相関分析を使いこなせるようになると，自然現象や社会現象の中に存在する面白い法則性をどんどん分析できるようになります．相関の強さをみるためには，r という記号で表される相関係数（coefficient）が用いられます．

$$r = \frac{\sum_{i=1}^{n}(x_i - \overline{x})(y_i - \overline{y})}{\sqrt{\sum_{i=1}^{n}(x_i - \overline{x})^2}\sqrt{\sum_{i=1}^{n}(y_i - \overline{y})^2}} = \frac{\sum_{i=1}^{n}x_iy_i - \frac{\sum_{i=1}^{n}x_i\sum_{i=1}^{n}y_i}{n}}{\sqrt{\sum_{i=1}^{n}x_i^2 - \frac{\left(\sum_{i=1}^{n}x_i\right)^2}{n}}\sqrt{\sum_{i=1}^{n}y_i^2 - \frac{\left(\sum_{i=1}^{n}y_i\right)^2}{n}}}$$

相関係数 r は，上式で定義され，n は個数，$\overline{x}, \overline{y}$ はそれぞれ x_i と y_i の平均値です．相関係数 r が，x と y の相関の程度をみる尺度となりますが，この尺度は正の相関の場合は $0 < r \leq 1$，負の相関の場合は $-1 \leq r < 0$ までの値をとります．相関が無いと判断されるときには，r の絶対値は 0 に近い値をとります．r の絶対値が 1 に近いほど強い相関があるといいます．相関係数を用いれば，経済成長と物価変動との関係の強さを数値で表現することができます．

5.5.5 関数 CORREL による相関係数の求め方

図 5-17 では物価上昇率を求めました．ここでは，図 5-17 をもとに経済成長率と物価上昇率について両者の関係度合いを数量的に示す相関係数を求めてみましょう．セル A17 に「相関係数」と入力し，セル B17 に相関係数を計算し記入することにします．

セル B17 をアクティブにし，「関数の挿入」で「統計」を選びます（図 5-28）．関数貼り付けダイアログボックスの「関数名」は，「CORREL」を選びます．このダイアログボックスには，"CORREL（配列 1，配列 2)"，"2 つの配列の相関係数を返します．"と書かれています．すなわち，配列 1と配列 2 に，書式に基づいてデータを与えると（それぞれ同じ個数）相関係数が計算されることを表示しています．OKボタンをクリックすると，図 5-29 に示すダイアログボックスが表示され（配列 1 の範囲は書き込まれていない），

図 5-28　関数の選択

を選択すると，データ入力用の小さなボックスが表れます．配列 1 には「経済成長率」を選びます．マウスをセル C4 に運び，クリックの後セル C15まででドラッグし表示ボックスの範囲が C4:C15 になったらクリックします．再び図 5-29が表れますので，をクリックし配列 2 を同様にして入

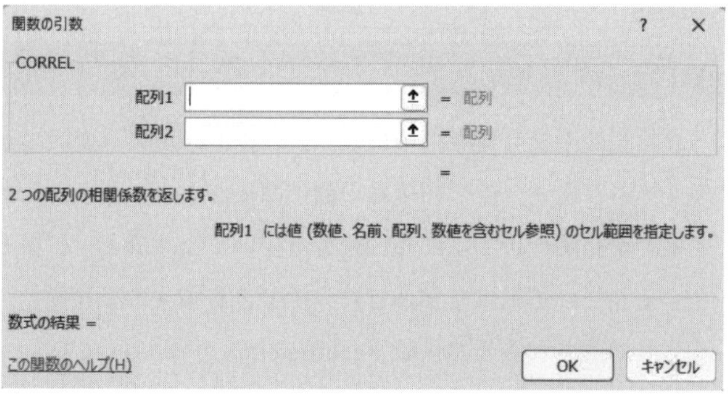

図 5-29　マウス操作による相関係数 CORREL の配列範囲の与え方

力します．入力が終了すると，図 5-29 に数式の結果（0.461977789）が表れ，OKボタンをクリックするとセル B17 に計算された相関係数が書き込まれます．

　計算結果によれば，経済成長率と物価上昇率との間には正の相関関係があるようです．バブル経済崩壊後，日本経済の長期不況がデフレと並行していることがうかがえます．また，セルB17 をアクティブにすると，数式バーには「=CORREL(C4:C15,E4:E15)」と書かれていることがわかります．マウス操作を使わず同様に計算するには，セルに直接このように記入すれば同じ答えが得られます．他の空いたセルで確認してみてください．

　<演習 5-10>　相関係数は，算術計算を組み合わせても求めることができます．図 5-17に示したデータから，経済成長率と物価上昇率の相関係数を計算により求めてみましょう．ヒント：まず 3 行目にある $\sum x_i$, $\sum y_i$, $\sum x_i^2$, $\sum y_i^2$, $\sum x_i y_i$ を求め，先に示した相関係数rの式からセル B18（数式は数式バーに示す）のように求めます．

解答：図 5-30 のワークシートが作られ，セル B18 に示す数値が得られれば完成です．

| B18 | | × ✓ *fx* | =(H17-C17*E17/12)/(SQRT(F17-C17^2/12)*SQRT(G17-E17^2/12)) | | | | |

	A	B	C	D	E	F	G	H
1	西暦	実質GDP	経済成長率	物価指数	物価上昇率			
2		(10億円)	(%)		(%)			
3			X		Y	X^2	Y^2	XY
4	1989	440200.9		89.3				
5	1990	463058.7	5.1925837	92.1	3.1354983	26.96293	9.83135	16.281337
6	1991	478151.7	3.2594140	95.1	3.2573290	10.62378	10.61019	10.616984
7	1992	482920.7	0.9973822	96.7	1.6824395	0.99477	2.83060	1.678035
8	1993	484363.9	0.2988482	98.0	1.3443640	0.08931	1.80731	0.401761
9	1994	489277.2	1.0143820	98.6	0.6122449	1.02897	0.37484	0.621050
10	1995	498696.7	1.9251868	98.5	-0.1014199	3.70634	0.01029	-0.195252
11	1996	515785.6	3.4267121	98.6	0.1015228	11.74236	0.01031	0.347890
12	1997	525243.1	1.8336107	100.4	1.8255578	3.36213	3.33266	3.347362
13	1998	519323.1	-1.1270971	101.0	0.5976096	1.27035	0.35714	-0.673564
14	1999	519834.7	0.0985129	100.7	-0.2970297	0.00970	0.08823	-0.029261
15	2000	534410.5	2.8039298	100.0	-0.6951341	7.86202	0.48321	-1.949107
16	2001	536015.6	0.3003496	99.3	-0.7000000	0.09021	0.49000	-0.210245
17	合計		20.023815		10.762982	67.74287	30.22613	30.23699
18	相関係数	0.461978						

図 5-30　計算練習用データ

5.6　関数の応用

5.6.1　関数の応用

関数をうまく用いれば C や BASIC などのプログラミング言語で処理していた計算も Excel で実行可能となります．実験データの処理において，日付や時刻の差を求めたい場合がよくありますが，Excel ではどうするかを考えてみましょう．

■日付の計算

Excel では日付の差の計算ができます．図 5-31 の例では，2023 年 6 月 1 日と 2023 年 6 月 11 日の日付の差をとると，10 と表示されます．ここで A4 セルをアクティブにして，右クリック，「セルの書式設定」で分類を日付にしてみましょう．すると 1900/1/10 と表示されます．これは，日付が，Excel の内部では，1900 年 1 月 1 日を 1 とした連続数で表現されているためです．

試しに，セル A1〜A4 をアクティブにして，「セルの書式設定」で分類を日付から数値に変更すると，2023 年 6 月 1 日は 45078，2023 年 6 月 11 日は 45088，その差は 10 と表示されます．10 は日付に直すと，1900 年 1 月 1 日から 10 日目は 1900 年 1 月 10 日となるわけです（図 5-32）．

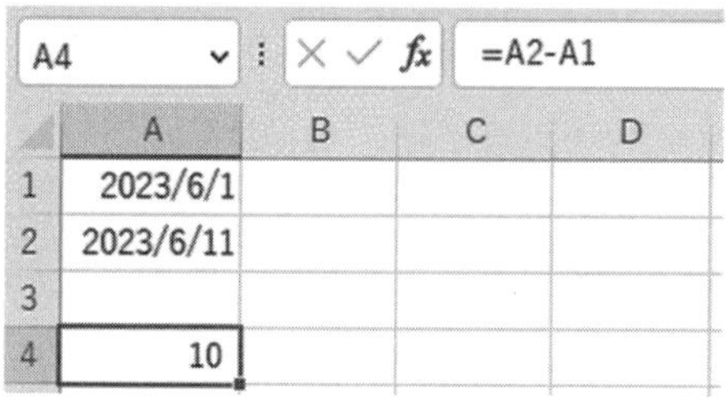

図 5-31　日付の引き算

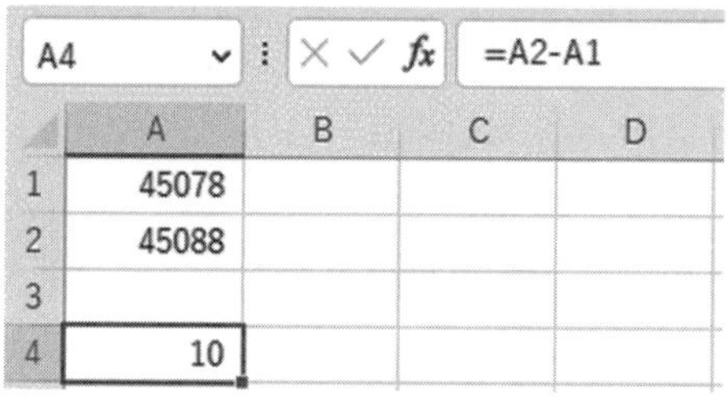

図 5-32　前図を数値にした表示

　したがって，2 つの日付の差を日数で求めたいときは，引き算をした結果の入ったセルの書式設定を日付から数値に変換すればよいのです．なお，Excel には DATE という日付を日数に変換する関数があります．これは年，月，日の 3 つの引数が必要ですから，「=DATE(2023,6,1)」とカンマで区切って入力します．図 5-31 は，「=DATE(2023,6,11)−DATE(2023,6,1)」と関数を使っても計算できます．

　　＜演習 5-11＞　2023 年 6 月 1 日午前 9 時 25 分から同年同月 11 日午前 4 時 40 分までの時間を求めなさい．

　　ヒント：日付と時刻を 1 つのセルに入力するためには，たとえば「2023/6/1 9:25」と入力します．Excel の内部では，日付が整数部分，時刻が小数部分で表されます．したがって時刻を含む日付の演算を行うと，答えは小数部分を持つ数値になります．時間差を求めるには後者から前者を差し引きますが，日数には差し引き結果の整数を使い，時分にはセルの書式設定から○時○分を選び時分を表示します（図 5-33）．

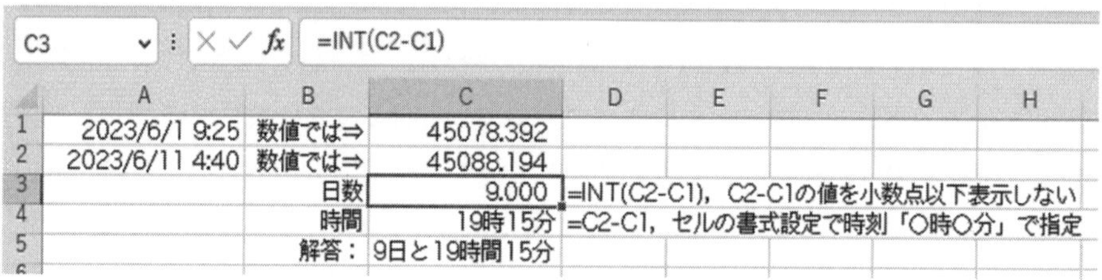

図 5-33　時刻を含んだ日付時間演算の例

　上の演習では，日数と時刻（時分）を表示するために，2 つのセルが必要でした．関数を用いて，1 つのセルに，「○日○時間○分」と表示させてみましょう．これにはまず，時刻を時と分に分離します．時刻を含む日付データは小数部分が 1 日の時間を表していますから，24 をかけると整数部分が時の値になり，小数部分が分の値になります．この小数部分を 60 倍すれば分を表せます．そこで，数値と数値の間に「日」，「時間」，「分」を表示させます．「日」や「時間」は文字列なので，そのまま文字列結合の演算子「&」を用い，図 5-34 のように入力します．

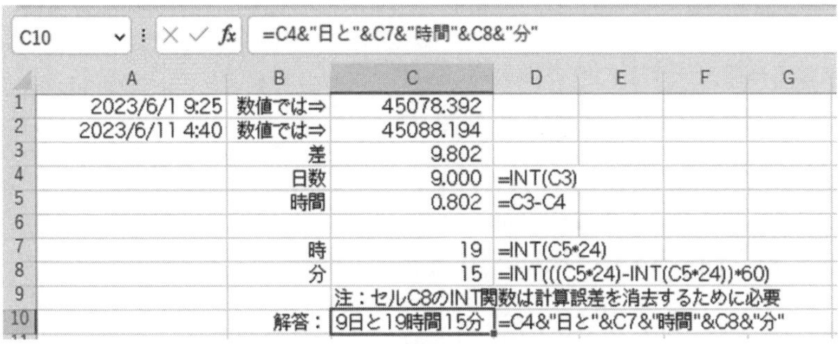

C10 =C4&"日と"&C7&"時間"&C8&"分"

	A	B	C	D
1	2023/6/1 9:25	数値では⇒	45078.392	
2	2023/6/11 4:40	数値では⇒	45088.194	
3		差	9.802	
4		日数	9.000	=INT(C3)
5		時間	0.802	=C3-C4
6				
7		時	19	=INT(C5*24)
8		分	15	=INT(((C5*24)-INT(C5*24))*60)
9			注：セルC8のINT関数は計算誤差を消去するために必要	
10		解答：	9日と19時間15分	=C4&"日と"&C7&"時間"&C8&"分"

図 5-34　日付計算のおさらい

5.6.2　IF 関数

Excel は IF 関数を使用するだけで表現の幅がぐっと広がります．IF 関数の書式は以下のとおりです（カンマ等は半角です）．

=IF(論理式,真の場合,偽の場合)

論理式では，数値の大小や数値や文字の一致などを判断します．たとえば「セル名>12」ならセル中の数値が 12 より大きいかどうかを判断します．また「セル名="男"」なら，セル中の文字列が"男"であるかどうかを判断します．比較条件には，

等しい	等しくない	未満	以下	以上	超過
＝	＜＞	＜	＜＝	＞＝	＞

が使えます．また，AND や OR で，2 つの論理式を組み合わせるとそれぞれ「両方が真なら成立」，「どちらかが真なら成立」となります．この論理式が成り立っていれば「真の場合」で指定された引数がセルに入ります．反対に，成り立っていなければ「偽の場合」で指定された引数がセルに入ります．

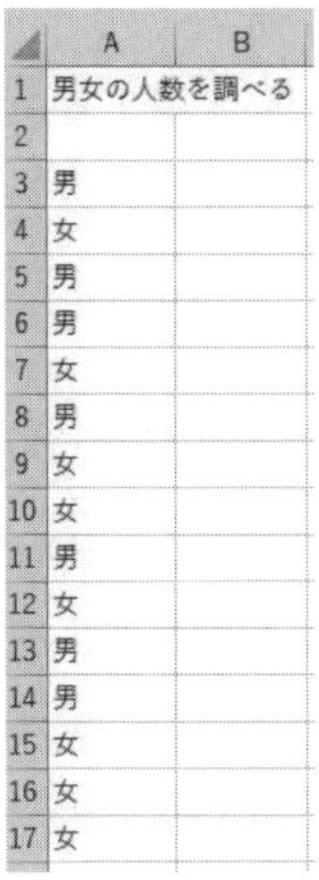

	A	B
1	男女の人数を調べる	
2		
3	男	
4	女	
5	男	
6	男	
7	女	
8	男	
9	女	
10	女	
11	男	
12	女	
13	男	
14	男	
15	女	
16	女	
17	女	

図 5-35　男女別人数用データ

＜演習 5-12＞　図 5-36 のデータにおける男女別の人数を求めなさい．

ヒント：①IF 関数と SUM 関数，COUNT 関数を併用して，男の数を求め，次に女の数を求めます．②COUNTIF 関数で男の数と女の数を直接求めることもできます．

解答：①図 5-36 のとおり．②省略．

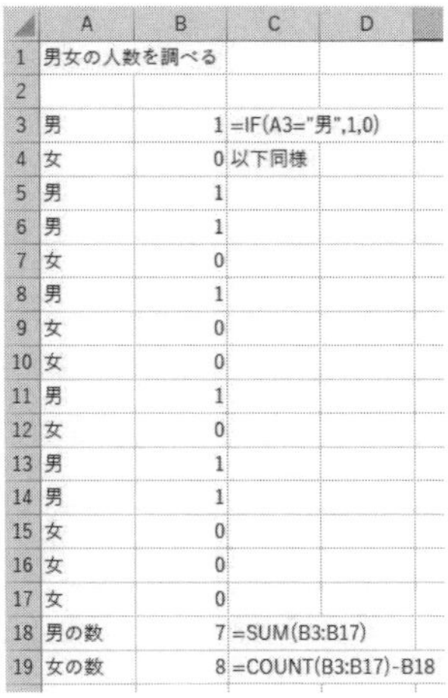

	A	B	C
1	男女の人数を調べる		
2			
3	男	1	=IF(A3="男",1,0)
4	女	0	以下同様
5	男	1	
6	男	1	
7	女	0	
8	男	1	
9	女	0	
10	女	0	
11	男	1	
12	女	0	
13	男	1	
14	男	1	
15	女	0	
16	女	0	
17	女	0	
18	男の数	7	=SUM(B3:B17)
19	女の数	8	=COUNT(B3:B17)-B18

図 5-36　男女別に人数カウントする例

このテクニックを応用して成績表をつけてみましょう（図 5-37）．成績は S：90 点以上，A：80 点以

上，B：70 点以上，C：60 点以上，D：59 点以下の 5 段階とします．90 点以上のものに S をつけるなら，「=IF(セル名>=90,"S")」となります．しかし，これだけでは，図 5-37 の B 列のように S しかつきません（B5，B13，B17）．不等式が成立しないと，セルには「FALSE」が入力されます．そこで「=IF(セル名>=90,"S","A")」とすると，C 列に示すように 90 点未満はすべて A になってしまいます．IF 関数は入れ子（関数の中で関数を用いること）で使用できますから，「=IF(セル名>=90, "S", IF(セル名>=80, "A"))」とすれば，90 点以上は S，80 点～89 点は A が入力されます．このままでは 80 点未満は成績がつかないので，同様に「=IF(セル名>=90, "S", IF(セル名>=80, "A",IF(セル名>=70, "B", IF(セル名>=60, "C", "D")))」とすれば，D 列に示すように S～D すべての成績が入力されます．

	A	B	C	D
1	成績評価			
2		=IF(セル名>=90,"S")ではSしか付かない	=IF(セル名>=90,"S","A")では90未満は全てAである	=IF(セル名>=90,"S",IF(セル名>=80,"A",IF(セル名>=70,"B",IF(セル名>=60,"C","D"))))によりS,A,B,C,Dが付く
3	87	FALSE	A	A
4	58	FALSE	A	D
5	98	S	S	S
6	78	FALSE	A	B
7	52	FALSE	A	D
8	66	FALSE	A	C
9	75	FALSE	A	B
10	89	FALSE	A	A
11	58	FALSE	A	D
12	81	FALSE	A	A
13	90	S	S	S
14	63	FALSE	A	C
15	74	FALSE	A	B
16	55	FALSE	A	D
17	97	S	S	S
18	79	FALSE	A	B
19	68	FALSE	A	C
20	65	FALSE	A	C

図 5-37　成績を付ける例

＜演習 5-13＞　図 5-37 における成績評価が S,A,B,C,D の受講生数を COUNTIF 関数で求めよ．

解答：省略．

＜演習 5-14＞　図 5-38 の樹高と樹種のデータから「高いヒノキ」，「低いヒノキ」，「高いスギ」，「低いスギ」に分類した一覧を記せ．なお高いヒノキは樹高 20.0m 以上，高いスギは樹

C2　=IF(AND(A2>=20,B2="ヒノキ"),"高いヒノキ",IF(A

	A	B	C
1	樹高(m)	樹種	分類
2	26.5	ヒノキ	高いヒノキ
3	22.0	スギ	高いスギ
4	23.9	ヒノキ	高いヒノキ
5	19.0	ヒノキ	低いヒノキ
6	28.6	ヒノキ	高いヒノキ
7	23.7	スギ	高いスギ
8	26.8	スギ	高いスギ
9	15.4	ヒノキ	低いヒノキ
10	17.3	スギ	低いスギ
11	22.6	ヒノキ	高いヒノキ
12	22.7	スギ	高いスギ
13	17.4	スギ	低いスギ
14	17.6	ヒノキ	低いヒノキ
15	20.6	スギ	高いスギ
16	26.6	ヒノキ	高いヒノキ
17	27.1	スギ	高いスギ
18	14.7	ヒノキ	低いヒノキ
19	26.6	スギ	高いスギ
20	16.7	ヒノキ	低いヒノキ
21	27.5	スギ	高いスギ
22			

=IF(AND(A2>=20,B2="ヒノキ"),"高いヒノキ",IF(AND(A2<20,B2="ヒノキ"),"低いヒノキ",IF(AND(A2>=20,B2="スギ"),"高いスギ","低いスギ")))

図 5-38　樹高と樹種で分類する練習例

高 20.0m 以上とし，それ以外は，低いヒノキおよび低いスギとします．

ヒント：①IF 関数の最初の引数中で AND を用いて，2 つの条件の両方が成立した時に限定することができます．あるいは真の場合，偽の場合の両方を入れ子にします．② COUNTIF 関数と AND 関数の併用で求めてみましょう．③COUNTIFS 関数で求めてみましょう．

解答：①図 5-38 のとおり．②，③省略．

IF 関数は条件（論理式）の真偽に応じて 2 つの選択肢のどちらか 1 つを返す場合に使用でき，3 つ以上の選択肢から 1 つを求めるような場合には引数「真の場合の値」または「偽の場合の値」にもう 1 つの IF 関数を指定すること（IF 関数のネスト）が必要になります．このやり方では選択肢が増えるにつれて IF 関数を何重にもネストすることになり，式が複雑になってしまいます．そこで，複数の選択肢から特定の値や数値の範囲に対応する値を求めたい場合，CHOOSE 関数や IFS 関数，SWITCH 関数を使用します．これらの書式は以下のとおり（カンマ等は半角）です．

=CHOOSE(インデックス,値 1,値 2,…)
指定した順番に当たる値を返す
=IFS(論理式 1,真の場合 1,論理式 2,真の場合 2,…)
真になる最初の論理式に対応する値を返す
=SWITCH(式,値 1,結果 1,規程または値 2,結果 2,…)
式に最初に一致した値に対応する結果を返す

例えば，競技参加者の成績第 1 位には賞品 1，成績第 2 位には賞品 2，成績第 3 位には賞品 3，成績第 4 位には賞品 4，成績第 5 位には賞品 5 を与えるような場合，IF 関数では「=IF(B2=1,"賞品 1",IF(B2=2,"賞品 2",IF(B2=3,"賞品 3",IF(B2=4,"賞品 4","賞品 5"))))」のようなネスト構造になりますが，CHOOSE 関数なら「=CHOOSE(B9,"賞品 1","賞品 2","賞品 3","賞品 4","賞品 5")」のように成績順位が入ったセルの番号をインデックスの引数欄に入れ，成績順位に対応した賞品名を値の引数欄に列挙すればよく，シンプルな形にできます（図 5-39）．同じことを IFS 関数では，「=IFS(C16=1,"賞品 1",C16=2,"賞品 2",C16=3,"賞品 3",C16=4,"賞品 4",C16>=5,"賞品 5")」のように，成績順位が入ったセルを参照した論理式引数と成績順位に対応した賞品名を真の場合引数を組にして列挙します（図 5-39）．また，SWITCH 関数では「=SWITCH(C23,1,"賞品 1",2,"賞品 2",3,"賞品 3",4,"賞品 4",5,"賞品 5")」のようにすることで同じ結果を得ることができます（図 5-39）．

成績順位欄（C 列）ではなく得点欄（B 列）を参照する場合，IF 関数では「=IF(B30>=90,"賞品 1",IF(B30>=80,"賞品 2",IF(B30>=70,"賞品 3",IF(B30>=60,"賞品 4","賞品 5"))))」のようなネスト構造になりますが，IFS 関数では「=IFS(B37>=90,"賞品 1",B37>=80,"賞品

⊿	A	B	C	D	E
1	氏名	得点	成績順位	賞品	
2	学生A	98	1	賞品1	=IF(C2=1,"賞品 1 ",IF(C2=2,"賞品 2 ",IF(C2=3,"賞品 3 ",IF(C2=4,"賞品 4 ","賞品 5 "))))
3	学生B	78	3	賞品3	=IF(C3=1,"賞品 1 ",IF(C3=2,"賞品 2 ",IF(C3=3,"賞品 3 ",IF(C3=4,"賞品 4 ","賞品 5 "))))
4	学生C	86	2	賞品2	=IF(C4=1,"賞品 1 ",IF(C4=2,"賞品 2 ",IF(C4=3,"賞品 3 ",IF(C4=4,"賞品 4 ","賞品 5 "))))
5	学生D	53	5	賞品5	=IF(C5=1,"賞品 1 ",IF(C5=2,"賞品 2 ",IF(C5=3,"賞品 3 ",IF(C5=4,"賞品 4 ","賞品 5 "))))
6	学生E	65	4	賞品4	=IF(C6=1,"賞品 1 ",IF(C6=2,"賞品 2 ",IF(C6=3,"賞品 3 ",IF(C6=4,"賞品 4 ","賞品 5 "))))
7					
8	氏名	得点	成績順位	賞品	
9	学生A	98	1	賞品1	=CHOOSE(C9,"賞品 1 ","賞品 2 ","賞品 3 ","賞品 4 ","賞品 5 ")
10	学生B	78	3	賞品3	=CHOOSE(C10,"賞品 1 ","賞品 2 ","賞品 3 ","賞品 4 ","賞品 5 ")
11	学生C	86	2	賞品2	=CHOOSE(C11,"賞品 1 ","賞品 2 ","賞品 3 ","賞品 4 ","賞品 5 ")
12	学生D	53	5	賞品5	=CHOOSE(C12,"賞品 1 ","賞品 2 ","賞品 3 ","賞品 4 ","賞品 5 ")
13	学生E	65	4	賞品4	=CHOOSE(C13,"賞品 1 ","賞品 2 ","賞品 3 ","賞品 4 ","賞品 5 ")
14					
15	氏名	得点	成績順位	賞品	
16	学生A	98	1	賞品1	=IFS(C16=1,"賞品 1 ",C16=2,"賞品 2 ",C16=3,"賞品 3 ",C16=4,"賞品 4 ",C16>=5,"賞品 5 ")
17	学生B	78	3	賞品3	=IFS(C17=1,"賞品 1 ",C17=2,"賞品 2 ",C17=3,"賞品 3 ",C17=4,"賞品 4 ",C17=5,"賞品 5 ")
18	学生C	86	2	賞品2	=IFS(C18=1,"賞品 1 ",C18=2,"賞品 2 ",C18=3,"賞品 3 ",C18=4,"賞品 4 ",C18=5,"賞品 5 ")
19	学生D	53	5	賞品5	=IFS(C19=1,"賞品 1 ",C19=2,"賞品 2 ",C19=3,"賞品 3 ",C19=4,"賞品 4 ",C19=5,"賞品 5 ")
20	学生E	65	4	賞品4	=IFS(C20=1,"賞品 1 ",C20=2,"賞品 2 ",C20=3,"賞品 3 ",C20=4,"賞品 4 ",C20>=5,"賞品 5 ")
21					
22	氏名	得点	成績順位	賞品	
23	学生A	98	1	賞品1	=SWITCH(C23,1,"賞品 1 ",2,"賞品 2 ",3,"賞品 3 ",4,"賞品 4 ",5,"賞品 5 ")
24	学生B	78	3	賞品3	=SWITCH(C24,1,"賞品 1 ",2,"賞品 2 ",3,"賞品 3 ",4,"賞品 4 ",5,"賞品 5 ")
25	学生C	86	2	賞品2	=SWITCH(C25,1,"賞品 1 ",2,"賞品 2 ",3,"賞品 3 ",4,"賞品 4 ",5,"賞品 5 ")
26	学生D	53	5	賞品5	=SWITCH(C26,1,"賞品 1 ",2,"賞品 2 ",3,"賞品 3 ",4,"賞品 4 ",5,"賞品 5 ")
27	学生E	65	4	賞品4	=SWITCH(C27,1,"賞品 1 ",2,"賞品 2 ",3,"賞品 3 ",4,"賞品 4 ",5,"賞品 5 ")
28					
29	氏名	得点	成績順位	賞品	
30	学生A	98	1	賞品1	=IF(B30>=90,"賞品 1 ",IF(B30>=80,"賞品 2 ",IF(B30>=70,"賞品 3 ",IF(B30>=60,"賞品 4 ","賞品 5 "))))
31	学生B	78	3	賞品3	=IF(B31>=90,"賞品 1 ",IF(B31>=80,"賞品 2 ",IF(B31>=70,"賞品 3 ",IF(B31>=60,"賞品 4 ","賞品 5 "))))
32	学生C	86	2	賞品2	=IF(B32>=90,"賞品 1 ",IF(B32>=80,"賞品 2 ",IF(B32>=70,"賞品 3 ",IF(B32>=60,"賞品 4 ","賞品 5 "))))
33	学生D	53	5	賞品5	=IF(B33>=90,"賞品 1 ",IF(B33>=80,"賞品 2 ",IF(B33>=70,"賞品 3 ",IF(B33>=60,"賞品 4 ","賞品 5 "))))
34	学生E	65	4	賞品4	=IF(B34>=90,"賞品 1 ",IF(B34>=80,"賞品 2 ",IF(B34>=70,"賞品 3 ",IF(B34>=60,"賞品 4 ","賞品 5 "))))
35					
36	氏名	得点	成績順位	賞品	
37	学生A	98	1	賞品1	=IFS(B37>=90,"賞品 1 ",B37>=80,"賞品 2 ",B37>=70,"賞品 3 ",B37>=60,"賞品 4 ",B37>=50,"賞品 5 ")
38	学生B	78	3	賞品3	=IFS(B38>=90,"賞品 1 ",B38>=80,"賞品 2 ",B38>=70,"賞品 3 ",B38>=60,"賞品 4 ",B38>=50,"賞品 5 ")
39	学生C	86	2	賞品2	=IFS(B39>=90,"賞品 1 ",B39>=80,"賞品 2 ",B39>=70,"賞品 3 ",B39>=60,"賞品 4 ",B39>=50,"賞品 5 ")
40	学生D	53	5	賞品5	=IFS(B40>=90,"賞品 1 ",B40>=80,"賞品 2 ",B40>=70,"賞品 3 ",B40>=60,"賞品 4 ",B40>=50,"賞品 5 ")
41	学生E	65	4	賞品4	=IFS(B41>=90,"賞品 1 ",B41>=80,"賞品 2 ",B41>=70,"賞品 3 ",B41>=60,"賞品 4 ",B41>=50,"賞品 5 ")

図 5-39　複数の選択肢から条件に応じた値を返す

2",B37>=70,"賞品 3",B37>=60,"賞品 4",B37>=50,"賞品 5")」のようになります（図 5-39）．

　<演習 5-15>　図 5-37 の E 列に IFS 関数を入れることで成績評価（S,A,B,C,D）を完成させなさい．
　解答：省略．

5.7　データサイエンスへの応用：Excel を用いたデータの可視化

　近年，データサイエンスの考え方が研究やビジネスの世界で普及し始めています．データサイエンスでは，私たちの世界に起こっている様々な現象についての数値データを視覚的，直感的に理解するために図（グラフ，画像）や表で示すことを行います．これは「データの可視化」と呼ばれています．データの可視化では，オンライン上で得られたデータをリアルタイムに自

動的に分析して図表にする技術も発達してきています．しかし，研究やビジネスの世界では，手持ちの数値データを Excel などのパソコン上のソフトウェアで分析することも行われています．ここでは，Excel を用いてデータを可視化することとはどのようなことなのかを体験しながら，Excel の使い方を学びます．具体的には，（1）表を用いたデータの可視化，（2）グラフを用いたデータの可視化を解説します．

5.7.1　表を用いたデータの可視化

表 5-3 は平成 29 年の全国の都道府県からランダムに抽出された 29 県の人口と，それらの県の平成 10 年と平成 29 年の一般ごみの総排出量（単位は千トン）のデータ（環境省ホームページより抜粋）です．平成 10 年と平成 29 年の 19 年間で様々なゴミ削減の取り組みが社会で行われてきたと考えられます．このデータからは，その取り組みの効果として 19 年間でゴミ排出量が全国で減少したのかを確認してみたいと考えていることとします．

しかし，表 5-3 を見ても，都道府県別のごみの総排出量の数字が記載されているだけで，全国的な減少傾向はわかりません．このような時に用いるのが，統計で学んだ「代表値」です．代表値には，平均値や中央値などがありますが，ここでは，各年のごみの総排出量の平均値を算出し，その平均値を比較してみます．

Excel で平均値を求める時，前節で説明した関数の「average（範囲）」関数を用います．関数を用いると，図 5-40 のような平均値が算出されます．この平均値は有効数字を小数第 2 位までとしています．図 5-40 の H10年と H29 年の平均値を比較してみてくださ

表 5-3　29 都道府県のごみ総排出量

県	H29 総人口（千人）	H10 ごみ総排出量合計(千トン)	H29 ごみ総排出量（千トン）
北海道	5338	2775	1873
青森	1311	690	480
岩手	1267	457	426
宮城	2313	944	837
山形	1105	382	371
福島	1938	806	737
栃木	1987	723	668
千葉	6299	2177	2075
東京	13627	5319	4417
神奈川	9172	3491	2873
富山	1070	389	408
岐阜	2011	705	654
静岡	3745	1399	1200
愛知	7547	2792	2522
兵庫	5586	2681	1912
奈良	1372	542	455
和歌山	978	459	336
鳥取	571	221	219
岡山	1917	713	695
広島	2850	1045	927
山口	1395	623	502
愛媛	1396	615	460
高知	725	309	252
福岡	5127	2021	1785
佐賀	834	261	270
長崎	1381	662	480
大分	1169	529	400
宮崎	1112	446	388
沖縄	1468	505	465

	H10	H29	
ごみ総排出量合計(千トン) の平均値	1195.90	1003.00	

図 5-40　29 都道府県のごみ総排出量

い. 表 5-3 ではよくわかりませんでしたが, 図 5-40 の表からはこの 19 年間で約 193 千トンの排出量が減少していることがわかります. このように平均値等の代表値を用いて簡単な表を作成することは, データの可視化として重要です.

<演習 5-16>　表 5-3 のデータを用いて, 図 5-40 を参考に H10 年と H29 年の平均値を算出してみましょう.

※有効数字を少数第 2 位までにするやり方は, 次の節のセルの書式設定を参考にしてください.

5.7.2　Excel でセルの書式を設定して見た目を整える

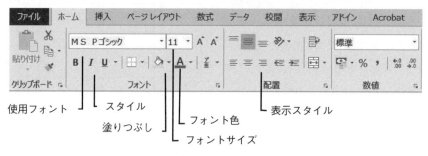

図 5-41　標準の書式設定ボタンの配置

　Excel での表の作成は, ワークシート上で行い, 「セルの書式設定」の機能で, 罫線を引いたり, セルの色を変えたりすることができます. 本節では, 実際のデータを用いて, 表の作成方法を学習します.

■セルの書式設定

　Excel には, ワークシートの書式を整えるための機能が用意されています. その機能を使うためには, リボンの標準の「セルの書式設定 (図 5-41) 」や, 変更したいセルを選択 (複数選択可) して右クリックして「セルの書式設定ダイアログ」を開きます (図 5-42) .

　セルの書式設定の機能を使うと, セルの数字の表示書式を変更する表示形式や, 文字の位置配置, フォント罫線, 塗りつぶしを変更することができます.

　例えば, セルの数字の桁数が多い場合には, 3 桁ごとにカンマを入れることがよくあります. まずは, カンマを入れたい場合は, 書式設

図 5-42　セルの書式設定ダイアログ

定ダイアログボックス「表示形式」で，「数値」を選び「桁区切り（,）を使用する」欄にチェックを入れ，「小数点以下の桁数」で1を指定して，$\boxed{\text{OK}}$のボタンを押します.

　文字列の位置も指定できます．書式設定ダイアログボックスの「配置」で，「横位置」を「中央揃え」「縦位置」も「中央揃え」等の表示方法が選択できます．このほか，セルに表示された文字列を「折り返して表示する」，「縮小して全体を表示する」，「セルを結合する」ことにより制御することができます.

　この他には，行や列ごと，あるいはセルごとにフォントを変えることもできます．背景色を付けたり，背景パターンを変え，セルを装飾し見栄えをよくすることもできます.

■罫線

　セルの上下左右に罫線を入れることができます．「セルの書式設定ダイアログ」の書式設定から「罫線」をクリックします．図5-43の設定ボックスが表示されます．この図から線のスタイル，色，罫線の配置が設定できます．表中のある部分の上下に罫線を引くのであれば，図5-43のように「上罫線＋下罫線」をマウスで選択しクリックします．これにより，セルあるいはマウス選択した複数のセルに対して罫線を引くことができます.

図5-43　セルの書式設定−罫線の設定

■セル幅

　Excel ではセルの列や行の幅も変更できます．書式の変更に伴う列幅の変更は自動的に調整されますが，表示桁数の多い場合など，手動で変更しなければならないときもあります．設定列の幅を変更するためには，変更する列の最上段で右端をドラッグして動かします（図5-44）．あるいは列番号ラベルの右端をドラッグして動かします（図5-44）．行の高さも同じように調節できます．列の幅と行の高さを同じピクセル数に調整すると方眼紙のような使い方ができます.

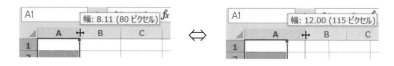

図5-44　列幅の変更

　＜演習5-17＞　表5-3のごみの総排出量のデータを用いて，表5-4と同じ表を Excel 上で作成しなさい.

罫線，セルの背景色（白）の設定，H10 と H29 の表記の位置の中央寄せの変更が必要です．

表 5-4　ごみの総排出量の平均値

	H10	H29
ごみ総排出量合計(千トン) の平均値	1195.90	1003.00

5.7.3　棒グラフを用いたデータの可視化

H10 年と H29 年の平均値を視覚的に理解しやすい棒グラフを作成して可視化しましょう．Excel には様々な種類のグラフを作る機能があります．H10 年から 1 年ごとの連続したデータ（連続量のデータ）の場合は，一般的に折れ線グラフを用いますが，H10年と H29 年は時間的に離れていますので，連続していないデータと見なして棒グラフを用いることとします．作成するグラフは，図 5-45 のようなグラフで

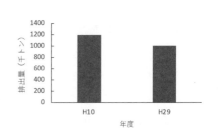

図 5-45　ごみの総排出量の平均値

す．X 軸を年度，Y 軸に排出量（千トン）を設定します．グラフの書式は，研究分野やビジネス分野ごとに異なり，その分野で一般的な書式に合わせる必要がありますが，基本的な作り方は同じです．ここでは，図 5-45 のグラフと同じグラフを作成することを目標に，作り方を説明します．

図 5-46　リボンの「挿入」パネル

グラフを作る場合は，リボンの「挿入」を選びグラフの作成を始めます（図 5-46）．グラフを作るときには，グラフにしたい数値についての表をシートに作成しておくとスムーズにグラフが作成します．それでは，作成した表を使って棒グラフを作成しましょう．作成の流れを図 5-47 に示します．まず，図 5-47-①のように，シート上の表をマウスを使って選択します．その際，数値だけでなく，H10 といった項目も文字列も選択すると，その文字列が自動的にグラフに挿入されます．選択ができたら，リボンの「挿入」から棒グラフのアイコンを選択し，「2 −D 縦棒」から「集合縦棒」を選択します．選択が終わると図 5-47-②のようなグラフが作成さ

れます.

　自動的に作成されたグラフ（図 5-47-③）は，書式が整っていませんので，分野のルールに合わせて書式を整えます．ここでは，図 5-45 のグラフと同じ書式とすることを目指して設定を変

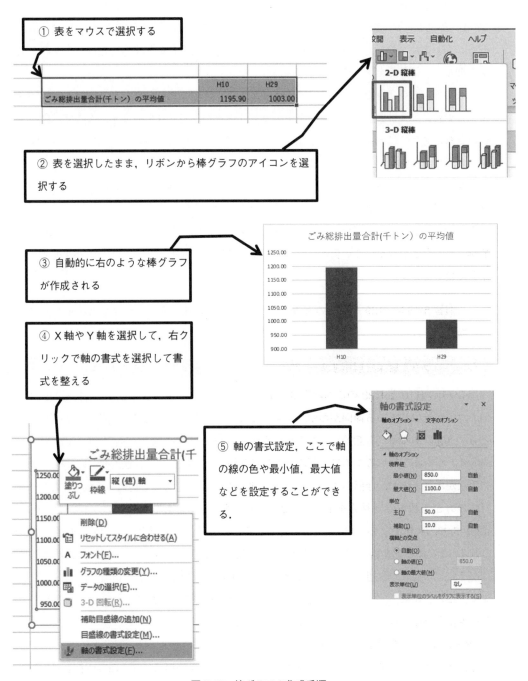

図 5-47　棒グラフの作成手順

更します．Y 軸の値が 0 から始まっていませんでしたので，0 から 1200 の範囲に設定します．
作成したグラフで変更したい箇所をマウスで選択して右クリックをすると書式設定ができます
（図 5-47-④）．ここでは，「軸の書式設定」を選択します．軸の書式設定は Excel の右の画面
にパネルが表示され，設定値を変更します（図 5-47-⑤）．境界値の最小値を 0 に，最大値を
1200 に変更すると，グラフの Y 軸の値の範囲が変更されます．さらに，X 軸と Y 軸に黒線が
引かれていませんので，それぞれの軸をクリックして，色を変更します．色はバケツのアイコ
ンを押して，線の色を黒に選択できます．

　Y 軸の値がどのような値なのかこのグラフからはわかりません．最終的なグラフ（図 5-45）
では，Y 軸に，「排出量（千トン）」という軸ラベルが設定されています．ここで，自動的に
作成されたグラフに軸ラベルを追加します．軸ラベルの様な新しい要素を追加する場合は，グ
ラフを選択し，リボンに表示されている「デザイン」の左側の「グラフの要素の追加」から「軸
ラベル」を選択し Y 軸に追加します．追加されるとまだ，適切な表記になっていませんので，
グラフ上でラベルをダブルクリックして，文字を入力します．

　以上のような方法で，グラフの書式を整えます．その他，グラフのタイトル，背景色・線，
Y 軸の軸線なども変更したい箇所をグラフ上で当該箇所を選択して右クリックで書式設定を表
示して変更します．

　　＜演習 5-18＞　129 ページの表 5-3 を用いて，図 5-45 と同じグラフを Excel 上で作成し
　　なさい．

5.7.4　コラム：結果を解釈する―統計検定と統計分析ソフトウェア

　図 5-45 の H10 と H29 のごみ総排出量からは，2 つの平均値には差があり，視覚的に 19 年
間でゴミが減少している傾向がわかります．この平均値の差は，誤差の範囲の差なのか，それ
とも「意味のある差（有意差）」なのかどうかはわかりません．2 つの平均値の差が「意味の
ある差」なのかを調べるために，平均値の有意差検定を行います．有意差検定には様々な種類
の手法がありますが，今回のような 2 つの平均値で，同一対象の平均値の比較をする場合は，
対応のある 2 標本の t 検定を用いることがあります．対応のある 2 標本の t 検定を行うと，
$t(28)=3.99$, $p<.001$ という検定結果が出ます．確率の p 値が 5％未満ですので，有意差が認め
られる（5％水準に基準を設定した場合）という結果になり，2 つの平均値の差は誤差の範囲で
はなく，ゴミ削減の取組によって，有意にゴミ排出量は減少していると結論づけることができ
ます．このように，データの可視化に加えて，統計の検定を用いたことで，データを用いた主
張に説得力を加えることができるようになります．

　詳細な平均値の有意差検定の方法は他書に譲りますが，Excel では，関数を利用すると t 検
定を行うことができます．t 検定を行う時は，t.test()関数を利用します．t.test()関数は，t 検定
によって算出される確率である p 値を出力します．関数や演算を用いて Excel でも様々な検定

を行うことも可能ですが，実際は，統計分析に特化したソフトウェア（SPSS，SAS等）を利用することが多いです．これらのソフトウェアは有料であり，大学を卒業した後は，利用することができない場合が多くあります．近年は，有料の統計分析のソフトウェア以外にも無料で統計分析を行う分析ができるツール（R言語，Excel マクロを利用した HAD）などが登場しており，選択肢が増えてきています．

5.7.5　散布図を用いたデータの可視化

先に関数 CORREL() を使用した時のように，2変量間の関係を調べるには，相関係数という

① 散布図の選択

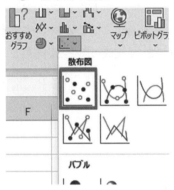

② 自動的に作成される散布図選択

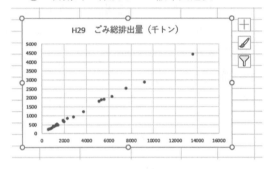

③ 軸ラベル（横軸・縦軸）の追加

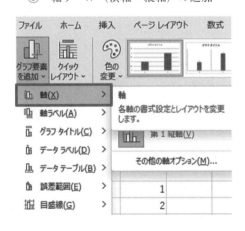

④ 近似曲線（線形）の追加

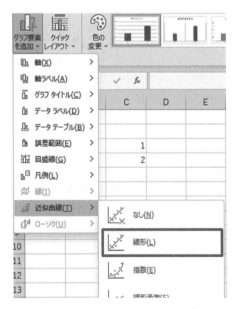

図 5-48　散布図の作成の流れ

統計量が用いられますが，散布図を使うとその相関関係を視覚的に理解することができます．表5-3で示したごみの総排出量の表を用いて，人口とごみ総排出量（H29年のデータ）の2変量間の関係を可視化してみましょう．

　散布図を作る場合も，棒グラフの場合と操作は同様です．まず，シート上で散布図の対象とする2つの変量を選択します（ドラッグした複数セルを複数同時に選択する場合は，2つめの複数セルを選択するときに，CTRLキーを押しながら選択します）．選択後，リボンの「挿入」から「グラフ」の種類では「散布図」をクリックし，図5-48-①に示すパターンの散布図を選びます．クリックすると，表中にグラフが描かれるボックスが表示されます．X軸（人口）とY軸（ごみの総排出量）に配置した概略のグラフが表示されたら（図5-48-②），リボンの「レイアウト」から「軸ラベル」を選択し（図5-48-③），X軸とY軸に軸ラベル加えます．「軸ラベル」と書かれたボックスには，横軸名として「人口（千人）」，縦軸名には「軸ラベルを垂直に配置」を選び「ごみ総排出量（千トン）」と入力します．また，2変数の関係を線形関数の関係を前提に視覚的に把握したい場合は，「近似曲線（線形）」を追加します（図5-48-④）．これらの設定を行い，完成した散布図は図5-49に示すとおりです．

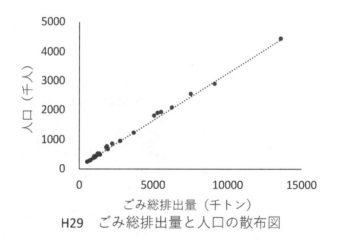

H29　ごみ総排出量と人口の散布図

図5-49　完成した散布図

　出力された散布図を見ると，2変量の関係は右肩上がりであることがわかります．このグラフからは，2変量間には強い正の相関があることが読み取れます．実際に，どの程度の相関関係があるのかは，関数CORREL()による相関係数 r を算出して判断することになります．表5-3のデータを用いてH29年の人口とごみ総排出量の相関係数 r を算出するとr=0.99876という極めて高い値が得られ，2つの変数間の正の相関関係の強さが裏づけられます．

　<演習5-19>　図5-49と同じ散布図を作成してください．ポイントとしては，タイトル，XとYの軸ラベルの追加，グラフ背景を白色にして罫線を消す処理，近似曲線（線形）を

してください．

<演習 5-20>　表 5-3 のデータを用いて H29 年の人口とごみ総排出量の相関係数 r を算出してください．

5.8　ワークシートの印刷

Excel の印刷は，選択した範囲のみに印刷対象を限定することができます．したがって，1 つのワークシート中にいくつか表を作成しておいて必要な表のみを印刷することが可能です．しかし，自分では 1 ページに収まるつもりで印刷しても，思ったより幅が大きくて何ページにも印刷されてしまうことがありますから，プレビューで確認してから印刷するか，印刷範囲を指定しておくようにしましょう．

5.8.1　プリンタの指定

リボンの左端にある「ファイル」タブをクリックすると Backstage ビューと呼ばれる画面が表示されます．Excel の印刷操作は，Backstage ビューの「印刷」を選択します．印刷は，リボンの「ページレイアウト」の「ページ設定」やクイックアクセスツールバーの「印刷プレビューと印刷」からもできます．

Backstage ビューの「印刷」を選択すると図 5-50 に示すような印刷設定と印刷プレビュー画面が表示されます．プリンタの名前を確認し，その状態が「準備完了」であれば，印刷ボタンをクリックするだけで，文書すべてが印刷されます．ワークシート作成後初めて印刷するのであれば，左側の「設定」を確認し，右側の「印刷プレビュー」画面でどのように印刷されるのかを確認してから印刷しましょう．

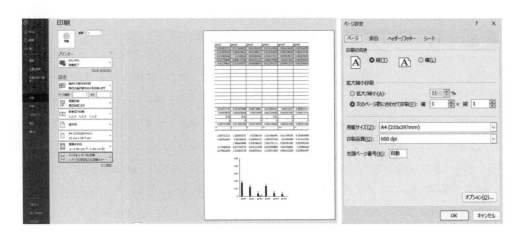

図 5-50　印刷設定と印刷プレビュー画面　　　　図 5-51　ページ設定ダイアログ

　まず，プリンターのプロパティ をクリックして，印刷の向きや両面印刷の有無，用紙の品質を確認しておきましょう．さらに詳細設定では，用紙サイズや印刷部数等を確認できます．

　「設定」には，印刷の対象（作業中のシート／ブック全体／選択部分），印刷部数，方向，用紙サイズ，余白，拡大縮小の有無等があります．さらに「設定」の一番下の ページ設定 をクリックすると，ページ設定ダイアログが表示されます（図 5-51）．ここでも，印刷の向きや拡大縮小の倍率，用紙サイズ，印刷品質が設定できるほか，余白の設定とヘッダー／フッターの編集もできます．また，「シート」では，枠線（ワークシートの罫線の印刷），白黒印刷，行番号などを印刷するかどうかの選択が行えます．カラープリンタを使って白黒印刷したい場合は，こちらで設定しましょう．

5.8.2　プレビューによる印刷確認

　印刷結果をプレビューで確認するだけであれば，リボンの「ページレイアウト」タブの「ページ設定」の右下のボタンをクリックして，ページ設定ダイアログの印刷プレビューをクリックすれば「印刷」のプレビュー画面と同じ操作になります．

　印刷プレビュー（図 5-50）の右下には，余白の表示ボタンとプレビュー画面の拡大ボタンがあります．余白の表示ボタンをクリックすると余白とヘッダー／フッターのライン位置が表示され，マウスでドラッグすることにより，調節することができます．さらにプレビュー画面上で，列幅を拡大縮小することもできます．マウスで調節した余白は，左側の「設定」の余白のユーザー設定に反映されます．

　　＜演習 5-21＞　図 5-30 で作成した表と図 5-45, 図 5-49 のグラフを A4 サイズの用紙 1 枚に印刷してみましょう．その際，ヘッダーに学籍番号と名前を入れてください．
　　解答：省略．

5.9　ワークシートの保存

　作成したワークシートは，保存しておくことができます．他の Office ソフトウェアと同じように，リボンの左端にある「ファイル」タブをクリックすると，Backstage ビュー画面になりますので，「上書き保存」または「名前をつけて保存」を選択します（図 5-52）．「名前をつけて保存」では，保存するフォルダを選択して，ファイル名を入力し，ファイルの種類を指定して保存します（図 5-53）．Microsoft アカウントを取得していれば，Microsoft のクラウドサービス「OneDrive」にファイルを保存することができます．

「上書き保存」は，すでに保存され
ているファイルを手直しした後に，上
書きして保存するという意味です．ま
た，「名前をつけて保存」は初めて保
存する場合や，すでに保存されている
ファイルを別の名前で保存する場合の
ことを指します．「名前をつけて保存」
では，「Excel ブック形式」のほか
「 Excel97-2003 ブ ッ ク 形 式 」
（Excel2003 と完全に互換性を持たせ
た形式，拡張子*.xls），PDF 形式の保
存も可能です．なお，拡張子は自動で
付加されるため，入力の必要はありま
せん．

図 5-52　「名前をつけて保存」で表示されるダイアログ

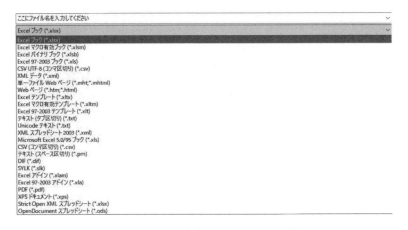

図 5-53　Excel で保存できるファイルの種類

　他のソフトウェアで読み込む必要があるときは，そのソフトウェアのファイル形式を指定す
るか，ほとんどすべての表計算ソフトウェアで読み込むことのできるファイル形式（テキスト，
CSV，SYLK など）を指定してください．ただし，その場合は，ワークシート中の図表や罫線，
フォント指定などの情報は失われます．また，複数シートの保存には対応していません．

　<演習 5-22>　演習 5-10 で作成したワークシート（図 5-30）を「名前をつけて保存」，
　ファイルの種類は「CSV（カンマ区切り）」で保存します．保存したファイルをメモ帳で
　開いて，ワークシートがどのように保存されたか，確認してみましょう．
　　解答：省略．

参考図書

・浅利一郎ほか『はじめよう経済学のための情報処理』日本評論社，2004

・環境省　『一般廃棄物処理実態調査結果』 廃棄物処理技術情報ホームページ

　（https://www.env.go.jp/recycle/waste_tech/）

・清水裕士　統計分析ソフト HAD 　（https://norimune.net/had）

第6章　PowerPoint でプレゼンテーション

6.1　PowerPoint とは

　パソコンでのプレゼンテーションが普及する前は，スライドや OHP によるプレゼンテーションが主流でした．しかし，今ではノートパソコンや液晶プロジェクタの普及によって，ビジネスや学術研究の世界ではパソコンを用いたプレゼンテーションがごく普通のことになりました．PowerPoint は，このような需要に応えた大変役に立つソフトウェアの一つです．

　PowerPoint プレゼンテーションは，直感的には紙芝居のようなものだと思ってよいでしょう．伝えたい情報を 1 画面に表示できる大きさにまとめた「紙」を何枚も用意し，それをパラパラとめくることによってひとつのストーリーを伝えるわけです．この「紙」にあたるものを PowerPoint では「**スライド**」と呼びます．プレゼンテーションは「スライド」の集まりであるということもできます．スライドには，文字・図形・写真などを自由に配置することができます．また PC 内の別ファイルや，インターネット上のファイルへのリンクを組み入れてプレゼンテーションの世界をさらに拡げることもできます．

　そうすると，プレゼンテーションを作成し，実行するためには以下のことを学べばよいということになりますね．

① 新しくプレゼンテーションを作り始めるにはどうすれば良いか．もしくは，以前に作ったプレゼンテーションの再編集を始めるにはどうすれば良いか．（→6.2 へ）

② プレゼンテーションにスライドを追加するにはどうすれば良いか．（→6.3.2 へ）

③ スライドに文字・図形・表・写真・リンクを配置するにはどうすれば良いか．（→それぞれ 6.3.3〜6.3.6 へ）　その際のテクニックについて（→6.3.7 へ）

④ スライドの順番を入れ替えるにはどうすれば良いか．（→6.3.8 へ）

⑤ できあがったプレゼンテーションを保存するにはどうすれば良いか．（→6.3.9 へ）

⑥ 作成したプレゼンテーションを実行するにはどうすれば良いか．（→6.3.10 へ）

　さらに作成したプレゼンテーションをより魅力的なものにするための方法について，6.4 以降で解説します．

　なお紙面の制約上，本章では PowerPoint の機能のほんの一端を紹介するにとどまっています．PowerPoint を用いて重要なプレゼンテーションを行う可能性のある人は，ぜひ市販参考書などを利用して知識と技術を補ってください．

6.2 PowerPoint 起動：プレゼンテーション作成開始！

PowerPoint2016 を起動すると，使用できるテンプレート（統一感のあるデザインのスライドを作成できるひな形）のリストが表示されます．ここではその中の「新しいプレゼンテーション」を選んでください．最もシンプルなデザインのスライドが作成できます．ここで「プレゼンテーション」とは，Excel の「ブック」と同じように PowerPoint のファイル単位です．

図 6-1 はスライド作成時の画面です．画面は大きく 2 分割されており，向かって左側（アウトラインペイン）にスライドの一覧が，右側（スライドペイン）に選択されたスライドが表示されます．現在はプレゼンテーションの最初のスライドですので，プレゼンテーション全体のタイトルを入力するためにデザインされたスライド が表示されています．

図 6-1　スライド作成開始時の画面

上部にはメニューバーやツールバーがあり，後述するさまざまな機能を使う際に使用します．なお次回以降，既に作成したファイルを再編集したい場合には，メニュー左端の「ファイル」をクリックすると最近使用したプレゼンテーションファイルのリストが表示されるので，そこから選択すれば簡単です．

6.3 プレゼンテーションの作成と保存

6.3.1 とにかく 1 枚目のスライドを作ってみる

ここまでの時点で，画面右側の「スライドペイン」には 1 枚目のスライドを作成する準備が

できています．ここで準備されているスライドは，中央に文字を入力するための枠があり，プレゼンテーション全体のタイトルや発表者名などを入力しやすいデザインになっています．このように，あらかじめ文字や図形などを入力する枠が配置されているものを「**レイアウト**」と呼びます．レイアウトを利用すると綺麗なデザインのスライドを手軽に作成できます．

　まずは現在のレイアウトを利用して，1枚目のスライドを作ってみましょう．スライド中の「タイトルを入力」と書かれている所にタイトルを入れてみます（ここでは「私のプロフィール」とします．各自，適宜変えても構いませんよ！）．枠内をクリックすると入力できるようになり，文字を入力すると自動的にセンタリングされます．同時に，左側のスライドリストにもタイトルが入力されていることを確認しましょう．

　同様に少し下にある，「サブタイトルを入力」というところに所属と氏名を入力します．これで，最初のスライドが完成しました．とはいえこのスライドはまだまだ地味ですよね．2枚目以降で，新たに文字を加えたり，多角形や矢印などの図形や写真を加えたより多彩なスライドを作るための練習を進めましょう．上達したらこのスライドに戻って，皆さんのセンスでより良いデザインにしてください．

6.3.2　新しいスライドを追加する

　スライドを追加する方法を説明します．上部メニューの「ホーム」を選択し，「新しいスライド▼」を選択します．するとスライドレイアウトを選択するメニューが表示されます．好きなものを選べばスライドペインに新しいスライドが作成され，同時にアウトラインペインにもページが追加されます．3枚目以降も同様にすれば自由にスライドを追加できます．

6.3.3　スライドの作成1：文字枠の作成と入力

　では2枚目のスライドを作りましょう．ここでは，「タイトルとコンテンツ」レイアウトを選択することにします．1枚目と同じように，タイトルにこのスライドを要約する言葉を入力します．ここではプレゼンテーション全体のタイトルが「私のプロフィール」ですから，「私の趣味」としてみます．その下に，箇条書きのための枠があります．これを利用すると簡単に箇条書きが作れます．

　<演習6-1>　箇条書き枠の中をクリックしてから「音楽鑑賞（+Enterキー）」「スポーツ（+Enterキー）」「読書（+Enterキー）」などと数項目入力してみてください．改行ごとに自動的に箇条書きになることを確認しましょう．一項目の長さがページの横幅を超えてしまった場合は，改行キーをShiftキーと同時に押すと，同じ箇条書きの項目内で改行できます．

　この箇条書きに使った枠ですが，今使っているレイアウトには1つしかありませんね．では枠を増やしてみましょう．上部メニュー「挿入」→「テキストボックス▼」→「横書きテキス

トボックス(H)」と選んでください．カーソルの形が変わったことに気づきましたか？　この状態で，既にある文字枠の外のどこか（たとえば図 6-2 ではスライド中央最上部）をクリックしてみてください．横書きの文字枠が追加されます．この文字枠は最初にあった箇条書きの枠とは文字の大きさなどが違いますが，それは後で変更できます．何か文字を入力してみましょう．

　この文字枠の位置を変えるには，枠線上で左クリックし，そのまま指を離さずにマウスを動かしてください．以上の方法で，スライド上の自由な位置に文字を追加できます．

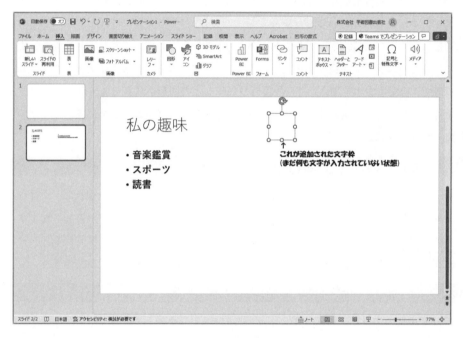

図 6-2　文字枠を追加してみよう

<演習 6-2>　さきほど作った箇条書きの横に注釈をつけてみましょう．新しい文字枠を作り，例えば「特にサッカーが好き」と入力してみます．次にこの文字枠を「スポーツ」の横に移動します．

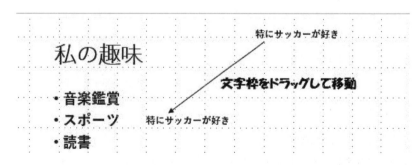

図 6-3　文字枠を追加して注釈をつけた例

　文字だけのプレゼンテーションは見づらいものです．線や矢印，円や多角形など，図形を適切に組み込むことでわかりやすいスライドを作ることができます．

　上部メニュー「ホーム」→「図形」と選ぶと，四角形・円・矢印など様々な基本図形を描くためのメニューが表示されます．この中から使いたいものを選択します．

　<演習6-3>　先ほど書いた「特にサッカーが好き」という注釈と，「スポーツ」の関係をはっきりさせるために，両者を矢印で結んでみましょう．

　矢印を描く方法を説明します．図形メニューの中から，矢印の絵を選んでください．カーソルの形が変わります．スライド上の矢印を始めたい位置で左クリックし，指を離さずにマウスを動かしてみましょう．そして矢印で指したい位置で指を離してください．以上で矢印が描けたはずです．図形メニューの他の項目についても，ほとんど同じ方法で使用できます．各自いろいろと試してみましょう．

　各図形に共通の操作として，位置の変更と大きさ／長さの変更の方法を説明します．位置を変える場合には，図形の上で左クリックし，指を離さずにマウスを動かしてください．また大きさ／長さを変える場合には，まず図形の上で左クリックしてください．図形の周囲に小さな白丸が表示されます．この白丸の上で左クリックし，指を離さずにマウスを動かしてください．図形を拡大／縮小したり，一方向に引き伸ばす／縮めることができます．失敗した場合に元に戻すには Ctrl ＋ Z を同時に押します．覚えておくと便利ですよ！

　<演習6-4>　四角形，丸などを自由に描き，その位置や大きさを変更してみましょう．図形が重なった場合，後から描かれた図形が元からあった図形を隠してしまいます．このような図形の順序関係も自由に変更できます．順序を変更したい図形を右クリックしてください．メニューが表示されますので，このメニューから直接「最前面へ移動」または「最背面へ移動」を選択してください．これにより指定した図形を前／後ろに移動することができます．

　<演習6-5>　四角形と丸を重なるように描いてください．その後，今隠されている方を前面に移動してみてください．

　<演習6-6>　さきほど描いた注釈の「特にサッカーが好き」という文字を強調するために，楕円形で囲ってみましょう．手順は以下のとおりです．①図形メニューから楕円形を描く．②楕円形を注釈の上に移動する．③楕円形の大きさを調整し，文字がギリギリ隠れる程度にする．④楕円形の順序を変えて「最背面に移動」する．

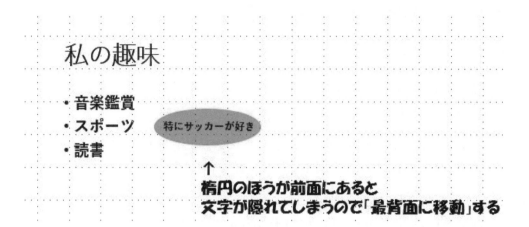

図 6-4　図形を追加した例

　図 6-4 のように図形で囲まれたテキストを描きたい場合，もう一つ方法があります．①図形メニューから図形（たとえば楕円形）を描く．②図形上で右クリックし，「テキストの編集」を選ぶ．③図形上にテキスト入力のためのカーソルが現れるので，キーボードから入力する．
　この方法をとると図形とテキストが一体化し，図形を移動すればテキストも移動します．

　＜演習 6-7＞　上の方法を試してみましょう．四角形を描き，その中にテキストを追加してください．終わったら四角形の位置を移動させてみてください．

6.3.5　スライドの作成 3：写真（画像）の挿入

　スライド内に写真やグラフなどの画像を含めることにより，さらに魅力的なプレゼンテーションを作成することができます．ここでは，画像ファイルの挿入法について学びます．
　まず，スライドで使いたい画像ファイルを準備しておきます．PowerPoint では jpeg 形式，png 形式など多くのファイル形式を扱うことができます．
　上部メニュー「挿入」→「画像」を選択します．画像ファイルを指定するダイアログが表示されますので，スライドに表示させたい図のファイルを選択し，「挿入」ボタンを押します．これで，画像がスライドに挿入されますが，そのままでは大きさや位置が適当でない場合が多いでしょう．このときは，6.3.4 で説明した図形の位置の変更・大きさの変更とまったく同じ方法で調整しましょう．
　プレゼンテーションに画像ファイルを加える時に最も注意すべきことは，その画像の著作権は誰のものかということです．現在インターネット上ではたくさんの画像ファイルが公開されていますが，そのほとんどは著作権が放棄されていません．したがって<u>安易にインターネット上から画像ファイルを入手してプレゼンテーションを作成すると，そのプレゼンテーション自体が違法なものとなる可能性があります．</u>

<演習 6-8 ＞　教員の指示に従
って，著作権上の問題がない画
像ファイルをスライドに挿入
してみましょう（図 6-5 はフリ
ー素材集公開サイト「いらすと
や」提供の画像を使った例）．

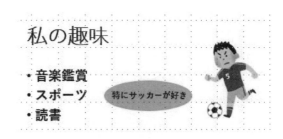

図 6-5　画像を追加した例

6.3.6　スライドの作成 4：さまざまなデータの挿入

　現在のパソコンでは音声・動画を含むさまざまなメディアのデータを扱うことができます．
PowerPoint プレゼンテーションにも音声や動画を加えることが可能です．また表形式のデー
タを扱いたい場合，PowerPoint で作成することも，他のアプリケーションで作成したデータ
を挿入することもできます．さらには，インターネット上のデータや PC 内のファイルに対し
てリンクを張り，プレゼンテーション中にこれを開くことも可能です．

　ここではそれぞれについて，基本的な方法を説明します．なおこの項目についてはやや応用
的ですので，PowerPoint を初めて利用する方は飛ばして読んでも結構です．

　(1) 音声・動画の挿入

　メニューから「挿入」→「メディア▼」→「ビデオ」または「オーディオ」を選択してくだ
さい．映像ファイル・音声ファイルの指定を求められます．指定するとスライド内に映像やサ
ウンド再生用オブジェクトが挿入されます．これらはプレゼンテーション中に再生できます．

　(2) 表データの作成・挿入

　PowerPoint の機能を用いて表を作成するには，メニューから「挿入」→「表▼」を選択し
ます．すると表の行数・列数を指定できます．指定すると枠線が設定されます．表の上で右ク
リックすると，行や列の削除・挿入，セルの分割・結合などを行うメニューが表示されます．

　Microsoft Office 内ではアプリケーション間の連携が可能になっており，Excel で作成した
表は元のデータの性質を残したまま挿入することが可能です．Excel 上で作成した適当な表デ
ータの必要な領域をクリップボードにコピーし，そのまま PowerPoint に貼り付ける操作を行
ってください．貼り付けたオブジェクトの右下に書式選択ボタンが現れますので，ただちに適
切な書式を選択してください（「元の書式を保持」を選択すれば Excel データの性質を残した
ままコピーできます．「図」「テキストのみ」を選択するとそれぞれの形式になります）．

　(3) 他ファイルへのリンク（ハイパーリンク）の挿入

　スライド上に置かれた文字列もしくは図形を選択し，右クリックしてください．メニューか
ら「ハイパーリンク」を選択します．すると「ハイパーリンクの挿入」ダイアログボックスが
開きます（図 6-6）．使用している PC 内のファイルへリンクしたい場合は，図中①の部分か

らファイルを指定します．インターネット上のファイルへのリンクは図中②の部分（アドレス）に URL を入力してください．

　ハイパーリンクが定義された文字列や図形をプレゼンテーション時にクリックすると，対象ファイルが開かれます．プレゼンテーション中に PowerPoint 以外のアプリケーションソフトを使ったデモを行いたいときなどに便利です．

図 6-6　ハイパーリンクの挿入

6.3.7　グループ化

　演習 6-8 における文字列とそれを強調する楕円のように，複数の図形や文字枠を組み合わせてひとかたまりの対象として扱いたい場合があります．このような場合「グループ化」の機能を使います．

　グループ化は以下の手順で行います．①グループ化したい全ての図形・文字枠を同時に選択された状態にする（方法は後述）．②それらの上で右クリックし，「グループ化」を選び，もう一度「グループ化」を選ぶ．このようにすると選択した図形・文字枠はグループ化され，移動・コピー・拡大縮小・色の選択などをあたかも 1 つの図形に対するように行えるようになります．

　上の手順中，複数の図形・文字枠を同時に選択する必要があります．単にそれぞれの図形・文字枠を順番に左クリックしただけでは，先に行った選択が解除されてしまいます．そこで，Ctrl を押しながら各図形・文字枠をクリックしてください．こうすれば先の選択が解除されないので，いくつでも同時に選択状態にすることができます．

　グループの解除は以下のように行います．①グループの上で右クリック．②「グループ化」を選び，「グループ解除」を選ぶ．

　＜演習 6-9＞　オリンピックの五輪旗の図案をグループ化してみましょう．5 つの円を W 型に並べて描きます（正しくは向かって左から青・黄・黒・緑・赤の順ですが，時間がな

ければ色にはこだわらなくて結構です）．描いたらグループ化しましょう．グループ化したら，移動・拡大縮小を行ってみましょう．

6.3.8　スライドリストの編集

一度作成したスライドを削除することも可能です．左側のアウトラインペイン上で削除したいスライドをクリックし，Delete を押せば削除されます．間違えてスライドを削除してしまったらあわてずに Ctrl ＋Z を実行して直前の命令を取り消しましょう．

すでに存在する 2 枚のスライドの間に新しいスライドを挿入することもできます．左側アウトラインペインにあるスライドリストから挿入したいスライドの直前のスライドを選択し，6.3.2 で説明したように「ホーム」タブ→「新しいスライド」を選択します．スライドの順番を入れ替えることもできます．動かしたいスライドをスライドリスト上でクリックし，そのまま適切な位置までドラッグしてください．

　　＜演習 6-10＞　以上を試してみましょう．

6.3.9　プレゼンテーションの保存

作成したプレゼンテーションは，ファイルに保存しなければ PowerPoint を終了した時点で失われてしまいます．ここでは保存方法を説明します．

メニュー「ファイル」→「名前をつけて保存」で保存するフォルダを選択するダイアログが表示されます．適切なフォルダに移動してから，適切なファイル名をつけ，「保存」をクリックしてください．無闇に行うと，ハードディスク上の使用してはいけない領域に書き込んでしまったり，どこに保存したかわからなくなったりします．教室で練習を行う場合には，どこに保存するべきか教員の指示に従ってください．

この方法で保存すると，作成したプレゼンテーションは PowerPoint 形式のファイル「.pptx」として記録されます．このファイルは PowerPoint がインストールされている他のパソコンでも使用できます．ただし PowerPoint には発売時期によっていくつかのバージョンがあり，新しい PowerPoint で作成したプレゼンテーションは，古いバージョンでは正しく表示できないことがあります．特に PowerPoint93-2003 と 2013 以降では拡張子が「.ppt」と「.pptx」のように異なり互換性がありません．PowerPoint 2016 で作成したプレゼンテーションを 97-2003 で使用するときには，2016 で保存するときに「ファイルの種類」を「PowerPoint 97-2003 プレゼンテーション(*.ppt)」として互換性のある形式で保存しましょう．なお，原則としては古い PowerPoint で作成したプレゼンテーションは新しいバージョンの Powerpoint で表示できるはずなのですが，稀に表示が乱れることがあるようです．出先のパソコンを利用して重要なプレゼンテーションを行う場合には，バージョンの確認をしておきましょう．

　ここまでに学んだ操作方法を使って「私のプロフィール」をひとまず完成させてください．完成したら，いよいよ最初のプレゼンテーションを実行してみましょう．実際のプレゼンテーションは，聴衆の前でパソコンやプロジェクタを用いて行いますが，今は自分のパソコンで内容を確認する意味でスライドを見てみましょう．

　メニューの「スライドショー」→「最初から」または「現在のスライドから」を選択するか，F5 キーを押してください．実行が始まると最初のスライドが画面いっぱいに表示されメニューなどが見えなくなります．これがスライドショーモードです．ここから，次のスライドに進むときは，マウスをクリックするか，↓ または Space キーを押してください．最後のスライドで次のスライドに進もうとすると黒い画面が表示され，最上部に「スライドショーの最後です．クリックすると終了します．」と表示されます．ここでクリックすると実行前の状態に復帰します．

　スライドショーの途中で，一つ前のスライドに戻りたいときは，↑ または Backspace キーを押してください．スライドショーを中止したいときは，Esc キーを押してください．

　これで，最初のプレゼンテーション製作が終了しました．おめでとうございます！　しかしこれだけではあまりにもあっさりしたデザインですので，次項でより魅力あるプレゼンテーション作成方法について学んでいきましょう．

6.4　スライドの編集

　PowerPoint における文字の編集は Word と非常によく似ています．ですから，Word を学んだ人にとってはあまり苦労せずに編集ができると思います．したがって，ここでも Word と重複する記述は最小限にとどめることにします．

　文字の大きさ，フォント，文字飾り，色，上付きなどの指定は，Word と同じです．スライド上に既に書いた文字列を選択すると，その近くにこれらを変更するダイアログボックスが表示されます．もしくは文字列・文字枠を選択した状態でメニュー「ホーム」を開くと，上部にこれらを変更する操作がメニューになっています．なお文字列を選択するには，開始位置をクリックして，指を離さずにドラッグします．文字枠全体を選択するときは，枠内をクリックした後，枠線をクリックします．

　文字列のカットアンドペーストや移動も Word と同じように行うことができます．

　スライドの作成では特に，文字のフォントや大きさ，色を指定する作業が重要です．では，ここで図 6-5 のスライドの体裁を変えてみましょう．まず，タイトルの「私の趣味」を太字の「HG 丸ゴシック M−PRO」フォントに変更して，色も赤にしてみましょう．文字列を選択

して書式を指定してもいいですし，文字枠全体を選択して指定することもできます．同様にして，具体的な趣味が書かれた箇条書きの部分もフォントや大きさ，色を変えてみましょう．

　文字枠の大きさや位置も変えてみましょう．まず，枠内の文字列のどこかをクリックして枠線を表示させます．枠線上に8つの小さな正方形があります．このうちの右下の正方形をドラッグして文字列の大きさに合うぐらいまで枠を小さくします．次に，文字枠全体を選択して，枠線をドラッグしてみましょう．これで文字枠の位置を変えることができます．バランスの良い位置に移動させてみてください．

　　<演習6-11>　「私の趣味」のページにある文字のフォント，大きさ，色をいろいろ変えながら，以下のことを確認してみましょう．

　　①タイトル，本文，注釈にそれぞれ適したフォントはあるか．代表的なフォントである「明朝体」「ゴシック体」「**POP体**」などを組み合わせて試してみよ．

　　②タイトル，本文，注釈の文字の大きさ，フォント，色を全て同じにしてみよ．元のデザインとどのように印象が変わるか．

　　③箇条書きの項目のフォント，大きさ，色が揃っている場合と，不揃いな場合ではどちらが見やすいか．不揃いな例を実際に作って試してみよ．

　　④文字枠の位置を最も右下に移動してみよ．また左上にしてみよ．最後に自分が適切と思う位置に移動せよ．どのように印象が変わるか．

　ある程度複雑な内容を箇条書きにする場合，インデント機能を使うと見やすくなります．図6-7を見てください．同じ内容ですが，右側のほうが内容のまとまりが一目瞭然です．このような項目の階層化は，以下の手順で行います．

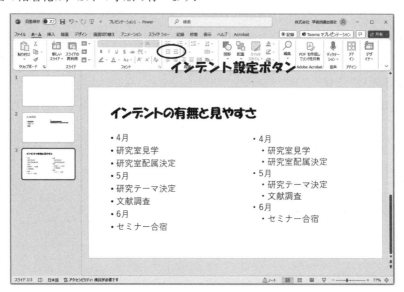

図6-7　インデント

①　レベルを下げたい行の文字を左クリックする.

②　上部ツールバーの「インデントを増やす」ボタン（「ホーム」タブ→段落メニュー中にあります）（図 6-7 参照）をクリックする.

③　元に戻したい場合には「インデントを減らす」ボタンをクリックする.

なお, ボタンの名称がわからない場合は, マウスカーソルを各ボタンの上に重ねて少し待つことで表示されます.

6.4.2　図形の編集

ほとんどの図形は,「周囲の線の色, 太さ, 点線か実線か」「内部を塗りつぶす色は何か（塗りつぶさないこともできます）」を変更することができます. 図形の上で右クリックし, メニューから変更したい項目を選んでください. ここでは個々の機能について詳しくは説明しませんので, いろいろと試してみてください.

＜演習 6-12＞　スライド上の楕円の色を変えてみましょう. 楕円上で右クリックし,「塗りつぶし」を選択して条件をいろいろ変えてみてください.

6.4.3　背景の設定

スライドは, 白色の背景の上に黒や濃色の文字で表現してもいいのですが, 背景を工夫することでもう少し個性を出したり見やすくしたりすることができます. ここでは, 今まで作ったスライドの背景に色をつけてみましょう.

上部メニュー「デザイン」→「背景の書式設定」を選択するとダイアログが表示されます. このダイアログ上部は背景を塗りつぶす方法を指定するスイッチです. 基本は単色で塗りつぶすことになります. 塗りつぶし（単色）を選択したとしましょう. 塗りつぶす色を指定するには色（C）という部分にあるスイッチを使います. このスイッチをクリックすると基本色のリストが表示され, その下に「その他の色」という選択肢が現れます（図 6-8）. 背景を単色で塗りつぶしたい場合は, リストにある色の中から選ぶか, もしくは「その他の色」のメニューの中で自分の好きな色を選んでください. 単色で塗りつぶすのではなく, 左右や上下に色の濃淡の変化をつけたり, 色を別な色に徐々に変化させたい場合（グラデーションといいます）は,「塗りつぶし（グラデーション）」にチェックを付けましょう. そうすると色やグラデーションの種類などに関して様々な設定ができるようになっています. 図 6-9 はグラデーションを使用した例です. 見やすくて感じのよい背景を工夫してみてください.

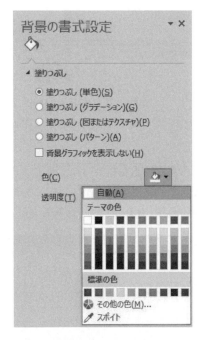

図 6-8 背景の書式設定ダイアログ

図 6-9 グラデーションをつけた背景

＜演習 6-13＞ 背景色やグラデーションを数種類採用し，文字色との関連で，見やすい
スライドと見にくいスライドを 3 枚ずつ含んだプレゼンテーションを作成せよ．
ヒント：背景色と文字色の関係に注目せよ．さらにグラデーションをかけると文字の配置
も考慮する必要がでてくることに注意せよ．

6.5 スライドの整理

6.5.1 スライドの一覧

スライド枚数が増えてくるとアウトラインペインでは一画面に表示しきれなくなります. より多くのスライドを一望したいときには, スライド一覧機能を使います. メニューから「表示」→「スライド一覧」を選択してください. すると, スライド一覧表示モードになり, 作成したスライドが一覧表になって表示されます.

スライド一覧モードではスライドの削除, コピー(次節参照), 順番の入れ替えなどを行うこともできます. 削除はスライドを選択して DEL キーを押します. 順番の入れ替えは, 動かしたいスライドをドラッグして目的の順番のところまで移動させます.

6.5.2 スライドのコピー

スライドの行数やデザインはほとんど同じで文章のみが少々異なるスライドを追加するときなどには, 新規にスライドを挿入するよりもコピーしてその一部を修正するほうが簡単だしデザインが統一されるのできれいに仕上がります.

スライド一覧表示からコピーしたいスライドを選択し, スライドの選択の後, マウスの右クリックから「コピー」を選択します. これでクリップボードにスライドがコピーされました. スライドを追加したい場所の一つ前のスライドを選択し, 右クリックして「貼り付けのオプション」の選択で「元の書式を保持」を選べば複製されたスライドが追加されます.

なお以上の操作は, アウトラインペイン上でも同様に行うことができます。

6.5.3 スライドに番号をつける

プレゼンテーションを作成する際, スライドに番号をつけておくと討論のときに非常に役立ちます. ここでは, すべてのスライドに通し番号を振る方法について説明します.

メニュー「挿入」→「スライド番号」を選択します. スライドタブ中の「スライド番号」にチェックを入れて, 「すべてに適用」ボタンを押せばすべてのスライドの右下部にスライド番号が表示されます.

1枚目のスライドはたいていの場合プレゼンテーションのタイトルや所属・氏名を紹介するだけなので, 番号をつけたくないこともあるでしょう. その場合は, 同じダイアログの一番下の「タイトルスライドに表示しない」にチェックを入れれば, 最初のスライドには番号がつかなくなります. ただし, この場合は, 次のスライドの番号は2になります. 2枚目のスライドの番号を1にしたい場合, スライドの番号をゼロから割り振ります. 「デザイン」→「スライドのサイズ▼」→「ユーザ設定のスライドのサイズ」の順に選択してください. 表示されたダイアログの左下部に「スライド開始番号」があり, 「1」に設定されていると思いますから, これをゼロにするだけです.

6.5.4　スライドマスタ：全スライドに共通の書式を定義する

　スライドマスタとは，複数のスライド（基本的には，1つのファイルの全スライド）に共通して使われる書式を定義したものです．全てのスライドの一定の位置に会社や大学のロゴを入れたり，プレゼンテーション全体のデザインを統一するなどの目的で使われます．

　メニュー「表示」→「スライドマスター」を選択します．画面が変わって中央にスライドマスタが表示され，その書式を変更することができるようになります．たとえば 6.5.3 で説明したスライド番号は，右下部の「<#>」と書いてある部分に表示されますが，その部分をクリックして選択し，「ホーム」→「フォント」メニューの各ボタンを使ってフォントの種類や大きさ，色などを変更すると，全スライドがこの設定で表示されます．Powerpoint の基本設定ではスライド番号の文字がやや小さいので，以上の方法で少し大きくすることをお勧めします．スライドマスタに文字や絵を書き込めば，同様に全スライドにそれが背景として置かれるようになります．スライドマスタ編集が終わったら，メニュー右端の「マスター表示を閉じる」を選択してください．

6.6　動きのあるプレゼンテーション

　スライドが揃ったら，スライドショーを実行（F5）してマウスや矢印キーでスライドを切り替えて行けばプレゼンテーションは十分可能です．しかし，せっかくコンピュータを使っているのですからもう少し動きのあるプレゼンテーションを作成してみましょう．

　PowerPoint では，1つのスライドの中で，もしくはスライド切り替え時にさまざまなアニメーション効果を設定できます．より高度な機能としては，一定の時間で自動的にスライドを切り替えたり，あらかじめ用意した音声ファイルを再生することもできます．これらの機能を使えば，演者がいなくてもパソコンだけで自動的にプレゼンテーションを行うことが可能です．ここでは，基本的なアニメーション効果の設定方法を解説します．

6.6.1　基本的な考え方

　アニメーション効果を定義するには，まず動かしたい図形や文字を描き，それらに「効果（＝動作）の種類，効果のオプション，効果が発生するタイミング」を設定します．以下，説明の際には図形や文字枠を総称して「オブジェクト」と呼ぶことにします．オブジェクトには 6.3.7 で説明したグループ化によって作られたものも含まれます．

　実際に効果を定義するには，まず上部メニュー「アニメーション」を選びます．次に効果を定義したいオブジェクトを選択し，上部メニューにあるボタンから与えたい効果を選びます．効果のタイプには後述する 4 つがあります．それぞれのタイプ毎にさまざまな動作が用意されていますので，どのような効果か試してみましょう．

ひとつのスライドの中で複数の動作を連続させ
たいときには，「アニメーション」→「アニメーシ
ョンウィンドウ」の順に選択してアニメーションウ
ィンドウを開きましょう．アニメーションウィンド
ウ上にはあなたが定義した効果が列挙されます．こ
れを効果リストと呼びます（図 6-10）．効果リス
トはそのスライド内のアニメーションの内容や順
序を表すシナリオのような役割をもちます．

図 6-10　アニメーション効果リスト

以下の手順でアニメーションを設定しましょう．

① 効果を設定したいオブジェクトを左クリック
して選択する．

② 上部メニューにあるボタンから効果を選ぶ．
すると効果リストに項目が追加される．

③ 必要なら効果のオプションを設定する．

④ 必要なら効果のタイミングを設定する．

(1) 効果の選択

アニメーション効果は大別して「開始・強調・終了・アニメーションの軌跡」の 4 タイプが
あります．通常の画面サイズでは「開始」タイプのボタンしか表示されないのが普通です．効
果ボタン群の表示領域の右端に▼がありますので，これをクリックすると他のタイプのボタン
が表示されます．

「開始」はそのオブジェクトが最初は表示されず，効果開始時に現れるものです．現れ方に
よって複数の種類があります．

「強調」ではそのオブジェクトは最初から表示されており，効果が開始されると何かの動作
（明滅，伸縮，etc.）が起こります．

「終了」ではそのオブジェクトは最初は表示されていますが，効果が開始されると消えます．
消え方によって複数の種類があります．

「アニメーションの軌跡」ではそのオブジェクトが設定した軌跡に沿って移動します．

同じタイプでも様々な動作の中から選択できます．例えば同じ「開始」でも「スライドイン」
はオブジェクトが画面外から滑るように現れますが，「アピール」ではその場に一瞬で出現し
ます．効果を選択すると，その場でその動作を確認できます．

(2) 効果のオプション

効果によっては，さらにオプションとして動作内容を詳しく設定できるものがあります（た
とえばスライドインでは，上下左右どちらからオブジェクトが現れるかを指定できます）．効
果のオプションは次のように設定します．

① 効果リスト上の，オプションを設定したい効果をダブルクリックする．

② ダイアログボックスが表示される．左上部「効果」タブを選択する．

③ 適宜設定を行う．

(3) 効果のタイミング

効果リストにある効果は，基本的には上から順番に1つずつ実行されます．それぞれの効果に対して，いつ実行されるかを指定できます．具体的には次の3つから選択します．

「クリック時」はプレゼンテーション中，マウスが左クリックされると効果が発生します．

「直前の動作と同時」は効果リストの 1 つ前の効果が実行されるのと同時に効果が発生します．複数オブジェクトを同時に動かしたい時に有用です．

「直前の動作の後」は効果リストの 1 つ前の効果の実行が終了するとただちに効果が発生します．複数オブジェクトを連続して動かしたい時に有用です．

効果のタイミングは次のように設定します．

① 効果リスト上の，オプションを設定したい効果をダブルクリックする．

② ダイアログボックスが表示される．左上部「タイミング」タブを選択する．

③ 適宜設定を行う．

(4) 効果リストの編集

効果の順序を変えたい場合には，効果リスト上で変えたい効果を左クリックして，適切な位置までドラッグします．また効果を削除したい場合には，効果リスト上で削除したい効果を左クリックして，DEL キーを押します．

必要な効果を全て定義し終えたら，F5 を押してスライドショーのテストをしてみましょう．

＜演習 6-14＞　UFO（適当な大きさの楕円形でよい）が画面左端から現れ，画面中央に止まるアニメーションを作成せよ．また画面中央から上方へ飛び去るアニメーションを作成せよ．さらにメニューにあるさまざまな効果・オプションをこのUFOに適用してみよ．

6.6.2　テキストオブジェクトのアニメーション

テキストオブジェクト（箇条書き）では，6.6.1 で説明した内容に加えて，オブジェクト内に含まれる各行を「一度にまとめて表示するか，行毎もしくは階層毎に表示するか」を指定することができます．現実のプレゼンテーションでは，箇条書きテキストを説明に沿って1項目ずつ出現させることがよく行われるので，この方法を学ぶことは重要です．

まず箇条書きオブジェクトに対して，6.6.1 に述べた方法で「スライドイン」効果を定義してください．次に，効果リスト上のこの効果をダブルクリックしてください．現れるダイアログボックスの左上にある「テキストアニメーション」タブを選択してください（図 6-11）．ここで「グループテキスト」のメニュー内で適切なレベルを選んでください．ここでいう「レベル」とは，インデント機能を使って階層化された箇条書きの深さを意味します．

図 6-11　テキストアニメーションの指定

<演習 6-15>　まず準備として，深さ 2 以上のインデントをつけた箇条書きを用意せよ．それに対して（1）箇条書き全体が一度に出現，（2）クリックする毎に一段落ずつ出現，（3）クリックする毎に一行ずつ出現，というアニメーション効果をそれぞれ設定せよ．ヒント：上記「グループテキスト」メニューの選択内容をいろいろ変えてみよ．

6.6.3　スライド切り替え時の効果

　通常はスライド切り替え時には何も画面効果は定義されていませんが，いくつかの面白い効果を設定することができます．上メニューの「画面切り替え」を選択すると「カット」「フェード」「ワイプ」など様々な効果ボタンが表示されます（アニメーション効果ボタンと同様に，通常の画面サイズでは表示されないボタンがあります．ボタン群の表示領域の右端に▼がありますので，これをクリックすると他のタイプのボタンが表示されます）．好きな効果を選択してください．たとえば「ワイプ」を選択すると，スライド切り替えの際に引き戸を開けたように見える効果が生じます．全てのスライド切り替え時に同じ効果を適用したい場合，効果を選択した状態で「すべてに適用」ボタンを押してください．

　<演習 6-16>　以上で学んだ方法をできるだけ多く活用して，PowerPoint を用いて自己紹介をする 2 分以内のプレゼンテーションを作成せよ．

6.7　プレゼンテーションの印刷

　印刷では，1 つのスライドを用紙 1 枚に大きく印刷することも，複数のスライドを 1 枚の紙に印刷することもできます．後者は，プレゼンテーション全体を資料として聴衆に配布する場合などによく使われます．上メニュー「ファイル」→「印刷」の順に選択すると印刷ダイアログが開きます（図 6-12）．「設定」メニュー群の一番上の項目は印刷範囲を指定します．全てのスライドを印刷するか，一部のスライドのみを印刷するかを指定します．二番目の項目は 1 枚の用紙に何枚のスライドを印刷するかを指定します．

　なお，初めて印刷するときは印刷範囲を「現在のスライド」にチェックして 1 枚だけ試し刷りをすることを強く勧めます．特に，カラーで作成したプレゼンテーションを白黒で印刷した場合，思わぬ刷り上がりになることがあります．白黒印刷時には図 6-12 下の「カラー」メニューで「グレースケール」「単純白黒」のうち望ましいほうを選ぶと良いでしょう．

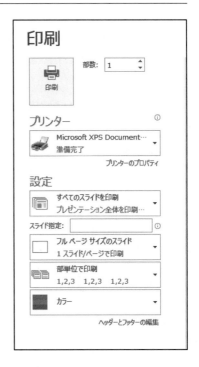

図 6-12　印刷設定ダイアログ

6.8　最後に：プレゼンテーション作成のコツ

　ソフトウェアの使い方は人それぞれで良いのですが，効果的なプレゼンテーションのためには守るべきルールのようなものが存在します．それらは，いずれも聞き手の理解を助けるためのものです．これはパソコンでのプレゼンテーションに限らず，ビデオや配布資料を用いたプレゼンテーションでも共通する原則です．

■見やすいこと

　パソコン画面や液晶プロジェクタで投影された画面に情報を表示するのですから，それらが見る人に十分理解できるような表示をすることが重要です．具体的には，「文字はなるべく大きく」，「色使いは単純に」，「背景と文字のコントラストを大きく」，「フォントを慎重に選択する」，などです．可能ならば，実際に発表する会場でリハーサルを行い，聴衆からの見え方を確認しておくことが望ましいでしょう．特に PC 画面上と，プロジェクタで投影した場合では色の印象が変わることがあります．

■余分な技巧は用いないこと

　PowerPoint では様々な技巧を用いることができますが，それらの技巧を用いることが果た

して聞き手の役に立つのかをよく考える必要があります．例えば，全ての文字がアニメーションで画面の四方八方から飛び込んでくるようなスライドは，華やかではありますが大切な情報を伝えるには不向きです．聞き手の注意力を散漫にさせるような過剰な技巧は禁物です．反対に，ここを強調したい！という部分にのみアニメーション効果を与えれば，印象的なプレゼンテーションになることでしょう．

■**統一されたデザインを採用する**

　ページごとに背景や字の大きさが変わったり，文字の出方が変わったりすると見ている人は混乱します．プレゼンテーション全体を通して統一されたデザインを持つようにしましょう．

■**聞き手が処理できる情報量を意識する**

　ページいっぱいに文章が書かれているスライドを，そのまますらすらと朗読して次のスライドに移ったとします．話し手としては全ての情報を伝えたと思うかもしれませんが，聞き手は「あなたの言葉を聞き」「書いてある文字を読み」「そこから考えて理解する」必要がありますから，このようなプレゼンではほとんどの場合，内容が頭に入る暇がありません．読むことにかかる時間を意識すれば，スライドにはできるだけ要点のみを短く書くべきです．

　　＜演習6-17＞　総まとめとして，少しまとまった量（10枚程度）のプレゼンテーションを作成してみましょう．ただし，著作権侵害を絶対にしないように！！

　　　題材は教室での教員の指示に従ってください．例えば以下のようなものが考えられます．

　　　① あなたの出身地（出身県）にある面白スポットを紹介してください．どこにあるのか，どこが面白いのか，どんな楽しみ方があるのか？

　　　② 今朝の新聞から，写真や図を含まない記事をひとつ選んでください．その内容を説明するプレゼンテーションを作りましょう．ニュース番組などを参考にアニメーションを入れてみるのも面白いでしょう．

　　　③ 歴史上の事件を説明するプレゼンテーションを作りましょう．事件の背景，登場人物，起こったこと，事件の影響などを整理して，ドキュメント風に構成してみましょう．

　　　④ 小中学生などに身近な機械や道具のしくみを易しく説明するプレゼンテーションを作りましょう．電子レンジはなぜ食品を温めることができるのでしょうか．冷蔵庫はなぜ冷えるのでしょう？　エンジンはどんなしくみで熱を運動に変えるのでしょうか？

　　　⑤ このクラスで学んだことを生かして，PowerPoint（もしくは Word, Excel などでもよい）の機能の1つを初心者に説明するプレゼンテーションを作りましょう．

第7章　プログラミング入門

プログラム言語にはたくさんの種類がありますが，ここでは，Python と Mathematica を学習します．

Python は

1）文法がシンプルで，初心者でも学びやすい

2）データサイエンスでの分析や人工知能の開発などにおいて広く用いられている

という特徴をもっています．

また，Mathematica は

3）プログラミング言語であると同時に，モデリング，シミュレーション，可視化，開発，文書化，配布にも利用できる統合環境である

4）高度な電卓として，高校レベル以上の数学の問題を解き，可視化する機能をもつ

などの特徴をもっています．本節では，前半で Python によるプログラミングを学び，後半でMathematica の使い方を学びます．

7.1　Python

Python は，1980 年代末から開発が始まったプログラミング言語で，現在のメジャーバージョンは 3 です．Python では様々なライブラリの開発が活発で，データサイエンスや深層学習のためのライブラリも充実しており，これらの分野で Python は広く用いられています．

以下で，静岡大学の計算機実習室の PC で Python を使う方法を説明します．実習室の PC での Python は，Visual Studio Code (VS Code) というプログラムを書くためのソフトウェア（エディタ）と連携するように設定されています．（※ 自分の PC で Python を使うには，インストールなどの作業をする必要があります．）

7.1.1　Visual Studio Code の起動

まず，Visual Studio Code (VS Code) を起動させます．「スタート」ボタンをクリック →「VS Code」のアイコンをクリックします．

VS Code が起動すると，図 7-1 のような画面が現れます（実習室の PC ではダークモードになっており，実際の画面は図と明暗が逆です）．この画面の左上の「ファイル」をクリック →

「新しいファイル」をクリックすると，画面中央上側にファイルの種類を選ぶウィンドウが現れます．そこで「Python ファイル」を選択すると，図 7-2 のような状態になります．画面右下に「Python」と表示されていれば，Python プログラムを書く準備が整ったことになります．

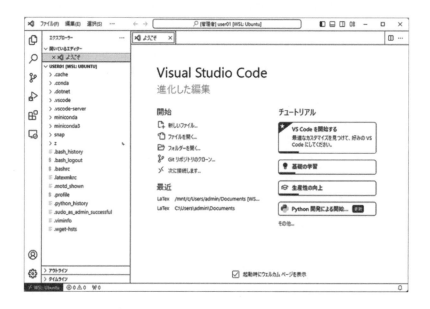

図 7-1　Visual Studio Code の起動画面

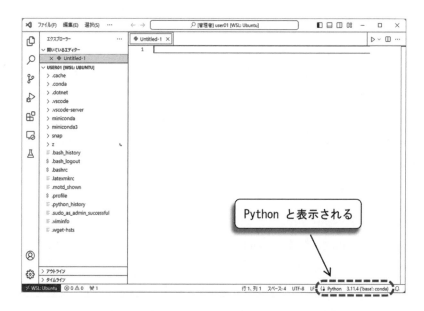

図 7-2　新しい Python ファイルを開いたところ

7.1.2 Python のプログラム作成と実行

では，簡単なプログラムを書いて実行してみましょう．図 7-3 に示すプログラムを VS Code に書きます．これは「Hello, world!」という文字列を出力するプログラムです．

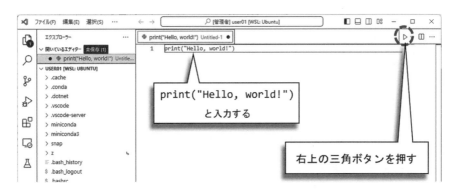

図7-3 Python ファイルにプログラムの入力した後、実行ボタンを押す

書き終えたら，画面右上の三角ボタン「▷」をクリックします．すると，画面中央の上側にプログラムファイルを保存するためのウィンドウ（図 7-4）が現れます．ここで実習室の PC では，Z ドライブ（自分のアカウントに割り当てられた保存領域)にプログラムファイルを保存するためにzを選択します（必要ならば，Z ドライブの下の適当なフォルダを続けて選択）．zを選択すると，図 7-4 下側の拡大図のように入力窓の途中に `/z/`

図 7-4

が入ります（これでZドライブに保存できます）．
注：一度保存場所を z にすると，PC からログアウトするまでは 2 回目以降のデフォルトの保存場所はzとなります．

zを選択した後は，ファイル名（図 7-4 下側の窓枠で `print("Hello, world!").py` のところ）を適当な名前，例えば「 `hello.py` 」に変更します．このように，Python のプログラムファイルの拡張子は「py」です．

ファイル名を変更後，「OK」ボタンをクリックします．すると，プログラムファイルが保存されると同時に，図 7-5 のように画面下側にターミナルが現れ，そこでプログラムが実行されます．ターミナルには「Hello, world!」という実行結果の文字列が出力されます．

図 7-5　Python のプログラムを実行したところ

　以上が，（実習室の PC にて）VS Code で Python プログラムを作成・保存・実行する基本的な手順です．以下では，Python の文法を簡単に説明した後，いくつかの例を見ていきます．

7.2　Python 入門

　この節では，FizzBuzz という有名なプログラミング課題を通して，Python の書き方を学びます．ただし，紙数の関係でかなり端折った説明をしていますので，詳しい文法を学びたい場合はより体系的な Python の入門書などを参照してください．ある程度プログラミングに慣れた人にとっては，Python 公式のチュートリアル（https://docs.python.org/ja/3/tutorial/）も参考になるでしょう．

　FizzBuzz というのは数遊びの一種で，次のようなルールで行います（人同士でやるときは間違えたところで終了します）．

● 数字（整数）を 1 から順に声に出して数えていく．
● 3 の倍数のときは，数字の代わりに Fizz と声に出す．
● 5 の倍数のときは，数字の代わりに Buzz と声に出す．
● ただし，3 の倍数かつ 5 の倍数のときは，数字の代わりに FizzBuzz と声に出す．

このルールに従って（声の代わりに）文字を出力するプログラムを作ります．プログラムが正しければ，間違えることなく延々と続きますので，最大で 50 まで数えることとしましょう．

　図 7-6 は，この節で最終的に完成させる FizzBuzz プログラムの全体イメージ図です（「数」

と書いてあるところは, 実際には 1 や 2 などの具体的な数字です). 流れてくる数字 (図の[A])
を一旦 (n という名前の付いた) 箱に入れて (図の[B]), 箱の中身がどの条件を満たすかを調
べて結果に応じた出力を行います (図の[C]). 以下で, これらの要素をプログラム上でどのよ
うに実現するのかを説明していきます.

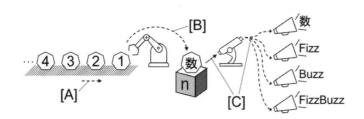

図 7-6　FizzBuzz のプログラムで行うことのイメージ図

7.2.1　変数

　まずは, 数字を入れる箱に相当するものを用意します. プログラミングの用語では, この箱
のことを**変数**と言います.

　リスト 7-1 のプログラムを見てください. 左端の列の数字は説明のための行番号です (自分
でプログラムを書くときは, 行番号は打ち込みません). このプログラムでは, 1 行目で n と
いう名前の変数に 12 という数値を代入し, 2 行目で n の中身の数値を出力しています. 従っ
て, このプログラムを実行すると 12 という数字が出力されます (実行するときは, 適当なファ
イル名でプログラムを保存してください).

リスト 7-1

```
1  n = 12
2  print(n)
```

　このように, 変数には名前を付ける必要があります. コンピュータの内部には, 箱に相当す
るものが大量にあるので, どの箱を使うのかを区別するために名前を付けます. 変数に数値な
どを入れるには等号「 = 」を使います. 等号の右側のものが左側の変数に代入されます.

　もう一つ, print についてもここで説明しましょう. print はプログラミング用語で**関数**と
いうものの一つです. 多くの関数はカッコ内に引数 (ひきすう) をとります. リスト 7-1 の 2
行目では, print 関数が変数 n を引数として受け取っています. print 関数は, 引数として受
け取った変数の中身をターミナルに出力します. print 関数は, print("Hello!") や
print(5) のように, 変数以外に数値自体や文字列などを直接引数として受け取ることもでき
ます. その場合は, 受け取った引数自体をターミナルに出力します. 文字列とは, "Hello!" の
ように二重引用符で囲ったものです (一重引用符で囲ったものも文字列となります).

次に，条件を満たすかを調べて結果に応じた処理を行うという仕掛けを用意します．プログラミングの用語では，このような処理を**条件分岐**と言います．Python では if 文というもので作ります．

リスト 7-2 を見てください．このプログラムでは，2 行目で変数 n の中身を 3 で割った余りがゼロかを調べて，そうだった場合のみ 3 行目を実行します．ここでは 1 行目で n に 12 を代入していますので，これを実行すると「3 の倍数です」と出力されます．もし 1 行目を n = 14 などのように 3 の倍数以外の数値に書き換えると，実行しても何も出力されずに終了します．

リスト 7-2

```
1   n = 12
2   if n % 3 == 0:
3       print("3の倍数です")
```

このように，if の後ろに条件を書くと，それを満たしたときだけ何かするという処理ができます．注意点は，if の後ろにスペースを入れる，条件の後ろにコロン「 ： 」を付ける（リスト 7-2 の 2 行目の最後を参照），if の次の行は字下げを行う（リスト 7-2 の 3 行目の冒頭を参照），の 3 つです．字下げはインデントともいい，通常はスペースを 4 個入れます．プログラミングではスペースには必ず半角スペースを使います．誤って全角スペースを使うとエラーになるので気をつけましょう．

もう一つ，リスト 7-2 の 2 行目にある条件「n % 3 == 0」についてもここで説明しましょう．まず，等号を 2 つ連ねた「 == 」は，その左辺と右辺の値が等しいかを調べるものです．等号が 1 つのときはプログラム上では「代入」という全く異なる意味になるので注意が必要です．また，「 % 」記号は，割り算の余りを計算するものです．例えば， 23 % 5 は「23 を 5 で割ったときの余り」で，結果は 3 です．これらのことから，「n % 3 == 0」は「n の中身の数値を 3 で割ったときの余りがゼロに等しいか」という意味（つまり，n が 3 の倍数かどうか）になります．これが真（True）のときだけその下のインデントされた行が実行されます．

if の下に書くのは複数行でも構いません．その際は，それぞれの行にインデントを入れる必要があります．また，条件を満たすかどうかに関係なく実行したい処理に戻るときは，インデントをもとに戻した（if に揃えた）行を書きます．例えば，以下のリスト 7-3 のプログラムでは，3 行目と 4 行目は 2 行目の条件を満たしたときのみ実行されますが，5 行目は条件を満たしていなくても実行されます．ここでは 1 行目で n に 12 を代入していますので，これを実行すると「3 の倍数です」と出力された後で n の中身が 3 に上書きされ，最後にそれ（つまり 3）が出力されます．もし 1 行目を n = 14 などのように 3 の倍数以外の数値に書き換えて実行すると，1 行目で設定した n の中身（例えば 14）が出力されます．

リスト 7-3

```
1   n = 12
2   if n % 3 == 0:
3       print("3 の倍数です")
4       n = 3
5   print(n)
```

　この例の 3, 4 行目のように，プログラムの中でインデントが揃ったひとかたまりの部分をコードブロックと言います．特に，if の下にあるコードブロックを「if ブロック」と言うこともあります．if ブロックの内側のプログラムは if の条件を満たすときのみ実行されますが，if ブロックの外側のプログラムは条件を満たしていなくても実行されます．

　条件を満たすときはある処理を，満たさないときは別の処理を，というように分岐させた実行もできます．リスト 7-4 を見てください．このプログラムでは，2 行目で変数 n の中身を 3 で割った余りがゼロかを調べて，そうだった場合は 3 行目を実行し，そうでなかった場合は 5 行目を実行します．ここでは 1 行目で n に 12 を代入していますので，これを実行すると「3 の倍数です」と出力されます．もし 1 行目を n = 14 などのように 3 の倍数以外の数値に書き換えて実行すると「3 の倍数ではありません」と出力されます．

リスト 7-4

```
1   n = 12
2   if n % 3 == 0:
3       print("3 の倍数です")
4   else:
5       print("3 の倍数ではありません")
```

　このように，if と組みになるように else を用いると，if の条件を満たさないときだけ行う処理が書けます．else の後ろにもコロン「：」を付けるのを忘れないように注意しましょう．

　さらに複雑な条件分岐もできます．リスト 7-5 を見てください．このプログラムでは，2 行目で変数 n の中身を 3 で割った余りがゼロかを調べて，そうだった場合は 3 行目を実行し，そうでなかった場合は 4 行目に行って変数 n の中身を 5 で割った余りがゼロかを調べます．そして，そうだった場合は 5 行目を実行し，そうでなかった場合は 7 行目を実行します．ここでは 1 行目で n に 12 を代入していますので，これを実行すると「3 の倍数です」と出力されます．もし 1 行目を n = 20 に書き換えて実行すると「3 の倍数ではありませんが，5 の倍数です」と出力され，1 行目を n = 14 に書き換えて実行すると「3 の倍数でも 5 の倍数でもありません」と出力されます．

リスト 7-5

```
1  n = 12
2  if n % 3 == 0:
3      print("3 の倍数です")
4  elif n % 5 == 0:
5      print("3 の倍数ではありませんが，5 の倍数です")
6  else:
7      print("3 の倍数でも 5 の倍数でもありません")
```

　このように，if と組みになるように elif を用いて別の条件をその後ろに書くと，if の条件は満たさないけれど elif の条件は満たすときだけ行う処理を作れます（elif は else if の略が由来です）．この例のように，さらに else を用いてどちらの条件も満たさないときだけ行う処理を加えることもできます．

7.2.3　繰り返し

　最後の要素として，数値を変えながら似たような処理を何度も行う仕掛けを用意します．プログラミングの用語では，このような処理は**繰り返し**や**反復**と言います．Python では，for 文（for ループとも言う）または while 文（while ループ）で作ります．ここでは for 文について説明します．

　リスト 7-6 を見てください．このプログラムでは，変数 n の値を 1 から 10 まで 1 ずつ変えながら 2 行目を繰り返し実行します．つまり，これを実行すると 1 から 10 までの数値が順番に出力されます．

リスト 7-6

```
1  for n in range(1, 11):
2      print(n)
```

　このように，for の下にインデントの入ったコードブロックを書くと，そのブロックが繰り返し実行されます．その典型的な書き方は for 変数 in range(最初の数値，最後の数値＋1): です．ここでも最後のコロンを忘れずに．これの解釈は，普通の英文と同じで「変数の中身が最初の数値と最後の数値の範囲にある間」はその下のブロックの処理を繰り返す（ただし，1 回繰り返すごとに変数の中身が 1 ずつ増える）というものです（厳密な説明は他書に譲ります）．range で指定する後ろ側の数字は，最後の数値に 1 を加える必要があることに注意しましょう（range(a, b)の範囲は a 以上 b 未満）．

　リスト 7-7 は for 文を用いた別の例です．このプログラムを実行するとどのような出力が得られるかわかるでしょうか．

リスト 7-7

```
1   n = 4
2   for i in range(2, n):
3       print(i)
4       print(n % i)
5   print(n)
```

7.2.4　FizzBuzz のプログラム

　では，いよいよ FizzBuzz のプログラムを作ります．必要な要素のほとんどはここまでで説明しましたので，これらを組み合わせればできます．

　どう組み合わせれば良いかを考えるために，もう一度FizzBuzzのルールを確認しましょう．条件がシンプルな順に整理し直すと，条件ごとの出力は次のようになります．

　①：3 の倍数かつ 5 の倍数のときは FizzBuzz

　②：条件①は満たさないけれど3 の倍数のときは Fizz

　③：条件①②は満たさないけれど5 の倍数のときは Buzz

　④：条件①②③を満たさないときは数字

これで，条件分岐をどうすればよいかは明確になったと思います．

　上記の「3 の倍数かつ 5 の倍数」のように複数の条件を「かつ」でつなぐには，Python では and を用います．あとは，これを 1 から始めて 50 まで繰り返すことにしたので，リスト 7-8 のように FizzBuzz のプログラムを完成できます．実行結果は省略しますが，自分でプログラムを書いて実行し，正しい結果が得られることを確認してください．

リスト 7-8

```
1   for n in range(1, 51):
2       if n % 3 == 0 and n % 5 == 0:
3           print("FizzBuzz")
4       elif n % 3 == 0:
5           print("Fizz")
6       elif n % 5 == 0:
7           print("Buzz")
8       else:
9           print(n)
```

7.2.5　補足

　ここでは，Python の文法についていくつか補足します．

■プログラム内でのコメント

　Python では，プログラム内にシャープ記号「 # 」を書くと，その右側から行末まではコメントとして扱われます．コメントはプログラムの実行時には無視されます（何も書いていないのと同じ）．例えば，以下のリスト 7-9（これは FizzBuzz プログラムの別の書き方です）の 2 行目の「# 3 の倍数かつ 5 の倍数　は　15 の倍数　と等価」はコメントなので，実行時にこれはないものとして扱われます．コメントは，プログラムの意図の説明や，プログラム作成時に一時的にある部分を機能させなくする（「コメントアウトする」と言います）のに使います．

リスト 7-9

```
1    for n in range(1, 51):
2        if n % 15 == 0:    # 3 の倍数かつ 5 の倍数　は　15 の倍数　と等価
3            print("FizzBuzz")
4        elif n % 3 == 0:
5            print("Fizz")
6        elif n % 5 == 0:
7            print("Buzz")
8        else:
9            print(n)
```

■データの型

　Python でプログラミングを始めるときにはあまり意識することはありませんが，プログラムで扱うデータや変数には型（かた）が定められています．整数型（int 型），実数型（float 型），文字列型（str 型），ブール型（bool 型）が代表的な型です．整数型は 3 や 57 のように小数点を含まない数値データです．実数型は 3.14 や 57.0 のように小数点を含む数値データです．小数点以下がゼロであっても小数点があると実数型となります．文字列型は 'Fizz' や "Buzz" のように一重引用符または二重引用符で囲まれたデータです．ブール型は True または False のどちらかの値のみをとるデータです．これらの型の区別は，本格的にプログラムを作るようになると重要となります．

■算術演算

　Python では，算術演算には表 7-1 に挙げた演算記号を用います．割り算には，スラッシュが 1 本のものと 2 本のものがあります．1 本のものは割り切れる場合でも実数型で結果が返ってくること，2 本のものは割り算した結果の整数部分が返ってくることに注意しましょう．

表 7-1

演算記号	演算の意味	例：整数型同士の演算	例：実数型同士の演算
+	足し算	5 + 2 # 結果は 7	5.1 + 2.4 # 結果は 7.5
-	引き算	6 - 2 # 結果は 4	6.1 - 2.4 # 結果は 3.7
*	掛け算	7 * 2 # 結果は 14	7.1 * 2.4 # 結果は 17.04
/	割り算	8 / 2 # 結果は 4.0	8.1 / 2.4 # 結果は 3.375
//	割り算の整数部分	9 // 2 # 結果は 4	ほとんど使用しないので省略
%	割り算の余り	9 % 2 # 結果は 1	ほとんど使用しないので省略
**	べき乗	9**2 # 結果は 81	9.1**2.4 # 結果は 200.308

■比較演算

比較演算には表 7-2 に挙げた演算記号を用います．これらの演算結果はいずれもブール型の値で返ってきます．これを踏まえると，if 文の説明はより正確には，if の後ろで行う演算（例えば，n % 15 == 0 ）の結果が True であればその下のコードブロックを実行し，False であれば elif や else のところに行く，というものになります．

表 7-2

演算記号	演算の意味	結果が True の例	結果が False の例
==	左辺が右辺に等しいか	3 == 3	3 == 7
!=	左辺が右辺と異なっているか	3 != 5	3 != 3
>	左辺が右辺より大きいか	3 > 1	3 > 4
>=	左辺が右辺以上か	3 >= 2	3 >= 4
<	左辺が右辺より小さいか	3 < 4	3 < 2
<=	左辺が右辺以下か	3 <= 3	3 <= 2

■論理演算

条件のところでよく使う論理演算には表 7-3 に挙げたものがあります．通常の論理演算と同じく，and は「かつ」を，or は「または」を，not は「…でない」を表します．これらの演算結果はブール型の値で返ってきます．

表 7-3

演算記号	演算の意味	例（x=1; y=2; z=3 とする）

and	左辺も右辺も True のときは True，それ以外のときは False	x <= y and y != z # 結果は True
		x == y and y != z # 結果は False

or	左辺または右辺が True のときは True，どちらも False のときは False	x == y or y != z # 結果は True x > y or y != z # 結果は False
not	True と False を反転させる	not x == y # 結果は True not x < y # 結果は False

7.3　Python のプログラム例

この節では Python のプログラム例として，簡易チャットボットとグラフ描画のプログラム
を紹介します．

7.3.1　例 1：簡易チャットボット

チャットボットとは，人間と会話（のようなこと）をするプログラムです．最近では，生成
AI を用いたチャットボットがまるで人間のような応答をするまでになりました．ここでは，最
も簡単なチャットボットとして，人間が投げかけた文章をそのまま返すプログラムを作ります．
ただし，会話のやりとりは最大で 5 回までに制限しておきましょう．

リスト 7-10 がそのようなチャットボットのプログラムです．今回は要求が簡単だったので，
プログラムは数行で書けます．より高度な応答をするチャットボットを作る際には，リスト
7-10 の 2 行目と 3 行目の間に人間からの入力に対する応答を生成するプログラムを書く必要
があります．

リスト 7-10

```
1    for i in range(5):
2        msg = input("あなた：")
3        print("ボット：" + msg)
```

リスト 7-10 のプログラムを実行すると，図 7-7 のようにターミナルに「あなた：」と表示
され，プログラムがそこで停止したような見た目になります．これは，キーボードからターミ
ナルに人間が入力するのを待っている状態です．ここに何か文章を入力する（その後 Enter を
押す）と，図 7-8 のように「ボット：」に続いて入力した文章がそのまま出力された後，次の
入力待ちの状態になります．これを 5 回繰り返すとこのプログラムは終了します．

図 7-7

図 7-8

　リスト 7-10 のプログラムを説明しましょう. まず 1 行目は, 5 回繰り返す for ループを作っ
ています. これは, Python では range(5) が range(0, 5) と同じ意味になるためです.
　次に 2 行目の input についてです. これは, プログラムの実行時にキーボードからの入力を
受ける関数です. 先ほど述べたように, このプログラムを実行するとターミナルに「あなた：」
という文字列が表示されて入力待ちになります (図 7-7). 入力が行われるとプログラムの実
行が再開され, input が入力を文字列として受け取ります. 2 行目ではそれを msg という変数
(message を省略した名前にしました) に代入しています. また, 2 行目の "あなた：" のよ
うにプログラムの中で input の引数に書いた文字列は, プログラムの実行時にターミナルに出
力されます. キーボードからの入力を促すメッセージを書くことが多いです.
　最後に 3 行目は, 2 行目で受け取った文字列の先頭に「ボット：」を付けて出力します. Python
では文字列同士の足し算は, それらを結合する (並べたものを 1 つの文字列にする) という意
味になります. 以上で, 人間から入力文を受け取り, それをそのまま返答することを 5 回繰り
返すボットが完成します.

■変形版

　以下の条件分岐を付け加えて, 簡易チャットボットに少し変化をつけてみましょう.

> 人間が「さようなら」を含む文章を入力したときは, 会話が 5 回未満であってもボッ
> トは「さようなら.」と応答して終了

　リスト 7-11 がそのプログラムです. 3 行目から 5 行目が付け加えられた部分です. 3 行目の
「 in 」は, その左側のもの ("さようなら") が右側 (msg) に含まれるかを調べます (含ま
れていれば True を返し, そうでなければ False を返します). また, 5 行目の「 break 」
は, そこでループから抜けさせるものです. つまり, もし msg に「さようなら」が含まれてい
たら, 4 行目の print を実行した後で 5 行目の break によってそこで (6 行目が実行される前
に) for ループが終わります.

リスト 7-11

```
1  for i in range(5):
2      msg = input("あなた：")
3      if "さようなら" in msg:
4          print("ボット：さようなら．")
5          break
6      print("ボット：" + msg)
```


7.3.2　例 2：グラフの描画

　Python ではライブラリの助けを借りることでグラフの描画も簡単にできます．ライブラリとは，既製の関数などがまとめられたものです．Python では，非常に多くの開発者が様々なライブラリを作成し公開しています．公開されているライブラリは，Python に追加でインストールした後，自分のプログラム上で読み込むことで利用できます．

■1 つの曲線を描く

　リスト 7-12 は，横軸の範囲を 0 から 8 にして sin 関数をプロットするプログラムです．このプログラムを実行すると，図 7-9 のように別ウィンドウが立ち上がって sin カーブの描かれたグラフが表示されます．プログラムの実行を終えるには，グラフのウィンドウを閉じます．

リスト 7-12

```
1  import matplotlib.pyplot as plt
2  import numpy as np
3
4  x = np.linspace(0, 8, 100)
5
6  plt.plot(x, np.sin(x))
7  plt.show()
```

　リスト 7-12 のプログラムを説明しましょう．まず 1 行目では，グラフ描画のための Python ライブラリである **matplotlib** を読み込んでいます．これに限らずライブラリを読み込むときは **import** を使います．また，1 行目後ろ側の **as plt** は，このライブラリを以降は **plt** という省略名で呼ぶことを意味します．このライブラリの中にある関数などは「**plt.関数名**」のような形式で呼び出して使えます（途中のドットを忘れないように注意）．

　2 行目では，数値演算のための Python ライブラリである **numpy** を **np** という省略名で読み込んでいます．このように，ライブラリの読み込みはプログラムの冒頭付近にまとめて書くことが多いです．

4行目では，numpy の linspace という関数
を使って，0 から 8 までの間で等間隔に 100
個の値を生成しています．これが描画点の x
座標となります．

そして 6 行目では，matplotlib の plot 関
数を用い，x 座標を 4 行目で生成した x の値
とし，y 座標を sin(x)の値とするグラフを描画
しています（実際には，100 個の点を線でつな
いだものを描画します）．

最後の 7 行目では，描画したグラフをウィ
ンドウに表示させています．

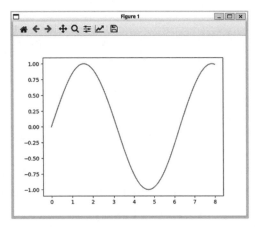

図 7-9

■1 つのグラフに 2 つの曲線を描く

複数のデータ曲線を同じグラフにプロットすることもできます．その例をリスト 7-13 に示
します．plt.plot を複数書くだけです．この例ではさらに，6, 7 行目の「label=」のオプ
ションで凡例を指定し，10 行目で凡例を表示させています．また，8, 9 行目でそれぞれ横軸と
縦軸のラベルを指定しています．さらに，7 行目の「linestyle="--"」というオプションを
指定してプロットする線種を破線に変更しています（このオプションがないときは実線）．

リスト 7-13

```
1   import matplotlib.pyplot as plt
2   import numpy as np
3
4   x = np.linspace(0, 8, 100)
5
6   plt.plot(x, np.sin(x), label="sin(x)")                    # 実線でプロット
7   plt.plot(x, np.cos(x), label="cos(x)", linestyle="--") # 破線でプロット
8   plt.xlabel("x")                          # 横軸のラベルを設定
9   plt.ylabel("trigonometric functions")   # 縦軸のラベルを設定
10  plt.legend()    # 凡例を表示
11  plt.show()      # グラフを表示
```

■2 つのグラフを表示する

複数の異なるグラフを並べてプロットすることもできます．その例をリスト 7-14 に示しま
す．このプログラムの 6 行目では，2 つのグラフを 2×1 の行列のように（つまり縦に）並べる
ように指示しています．それぞれのグラフでのプロットや凡例表示などの指示は，8 から 13 行
目のように axes[グラフ番号] の後ろで行います．グラフ番号はゼロ始まりで数えます．

リスト 7-14

```
1   import matplotlib.pyplot as plt
2   import numpy as np
3
4   x = np.linspace(0, 8, 100)
5
6   fig, axes = plt.subplots(2, 1)    # 縦方向に 2 つグラフを並べる
7
8   # 1 つ目のグラフに sin(x) をプロット
9   axes[0].plot(x, np.sin(x), label="sin(x)")
10  axes[0].legend()
11  # 2 つ目のグラフに tan(x) を「線なし かつ ドットマーク」でプロット
12  axes[1].plot(x, np.tan(x), label="tan(x)", linestyle="", marker=".")
13  axes[1].set_xlabel("x")    # 2 つ目のグラフの横軸ラベルを設定
14  axes[1].legend()
15
16  plt.show()
```

7.4 Mathematica

Mathematica はプログラミング言語であると同時に，モデリング，シミュレーション，可視化，開発，文書化，配布にも利用できる統合環境でもあります．本節では，Mathematica の膨大な機能のうち，

（1）高度な電卓として，高校レベル以上の数学の問題を解き，可視化する機能

（2）プログラム言語としての機能

に焦点をあてて紹介します．その他の使い方に関しては Mathematica 自体に用意されている「学習リソース（バーチャルブック）」と「ドキュメントセンター」で詳しく学ぶことができます．これらの使い方については「7.8　Mathematica の学習リソース（バーチャルブック）・ドキュメントセンターの使い方」で紹介します．

7.5 Mathematica の起動方法

Mathematica を起動するには，「スタート」ボタンをクリック→「すべてのアプリ」をクリック→「Wolfram Mathematica 13.3」フォルダをクリック→「Wolfram Mathematica 13.3」をクリックします．

起動すると，図 7-10 のような入り口画面とメニューバーが現れます．入口画面の左上「新規

ドキュメント」と書いてあるところをクリックしてみましょう．「名称未定義－1」と表示された，白いページが現れます．このページのことを「ノートブック」といい，Mathematica で作業する基本の場所です．

　ノートブックを保存するには，メニューバーの「ファイル」→「保存」を選択し，ファイル名を指定します．標準的な保存形式は「Mathematica ノートブック」形式で，拡張子には「nb」がつきます．

図 7-10

7.6 Mathematica を使ってみよう―高性能な電卓とグラフ用紙としての使い方

7.6.1　高性能な電卓としての Mathematica

　Mathematica は，中学，高校，あるいは大学理系基礎科目レベルの数学の演習問題をスイスイ解く能力をもっています．また，結果をきれいなグラフとして出力する機能をもっています．このような使い方をする上では，Mathematica に用意されている膨大な「関数」の知識が必要になります．Mathematica で用意されている関数のほんの一部を図 7-11 に紹介します．

数学関数

Mathematica には膨大な種類の組込み関数が備わっている．「数学関数」にすべての数学関数の一覧表を示す．ここでは，よく使われるものを紹介する．

Sqrt[x]	平方根 ($\sqrt{x}$)
Exp[x]	指数関数 (e^x)
Log[x]	自然対数関数 ($\log_e x$)
Log[b,x]	b を底とする対数関数 ($\log_b x$)
Sin[x], Cos[x], Tan[x]	三角関数（引数はラジアン）
ArcSin[x], ArcCos[x], ArcTan[x]	逆三角関数
n!	階乗（整数 1, 2, …, n の積）
Abs[x]	絶対値
Round[x]	小数点 1 位の四捨五入（x に最も近い整数）
Mod[n,m]	m を法とする n（n を m で割ったときの余り）
RandomReal[]	乱数（0 から 1 の範囲の擬似乱数）
Max[x,y,…], Min[x,y,…]	集合 x, y, …の最大値，最小値
FactorInteger[n]	n の素因数分解（「整数の操作と整数論に関連した関数」参照）

よく使われる数学関数

図 7-11

例として $\sqrt{4}$ を計算してみましょう．

ノートブックをクリックし，“**Sqrt[4]**”と入力します．このとき，行の左端に] のようなマークが表示されることに注意してください．] で囲まれた一まとまりのデータ（行）を，Mathematica では「セル」といい，計算（プログラム）実行の単位となります．なお，Mathematica では計算（プログラム）を実行することを「評価（Evaluation）」といいます．評価を行うにはセルのどこかをクリックして選択したうえで「Shift＋Enter」キーを押すか，あるいは，メニューバーで「評価」→「ノートブックを評価」すると，行われます．

$\sqrt{4}$ の答えを求めるには，**Sqrt[4]** と書かれたセルを選択し「Shift＋Enter」を行えば，答えが得られ，図 7-12 のように表示されます．ここで **In[1]:=** は入力（人間が与えたデータ），**Out[1]=** は出力（コンピュータ<Mathematica>が計算した答え）です．**[1]** などの数字は，一連の作業の中で評価のたびにつけられる通し番号です．

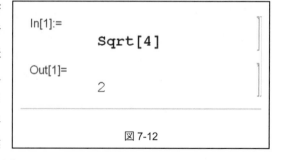

図 7-12

次に，線形代数の宿題を Mathematica にやってもらいましょう．$\begin{pmatrix} 3 & 2 \\ 4 & 3 \end{pmatrix}$ の逆行列を求めるには，

```
Inverse[({ {3, 2},  {4, 3} })]
```

と入力し，評価します．すると，

```
{{3,-2},{-4,3}}
```

と出力されます．これを，通常の行列の形式で表示したいときには，

```
MatrixForm[Inverse[({ {3, 2},  {4, 3} })]]
```

Out[4]//MatrixForm=

$$\begin{pmatrix} 3 & -2 \\ -4 & 3 \end{pmatrix}$$

とすればよく，すると結果は　　　　　　　　　　　　　　のように表示されます．

Mathematica は代数だけでなく解析も得意です．

$\int_{-\infty}^{\infty} \exp(-x^2)\, dx$ は

```
Integrate[Exp[-x^2],{x,-∞,∞}]
```

と入力し「評価」することで答え $\sqrt{\pi}$ が得られます．なお∞を入力するときには"\ [Infinity]"
と入力すると自動的に∞に変換されます．

　複雑な数式（積分計算など）を入力したい
ときには「パレット」を用いると便利です．
メニューバー「パレット」→「基本数学アシ
スタント」を選ぶと，パレットが表示されま
す．図 7-13 の画面は基本数学パレットの，
「拡張」タブを選んだ状態の上部をあらわし
た画面です．5 行目の （行列の入力マーク） は行列の入

力を，また，6 行目の （積分入力マーク） は積分の
入力を助けてくれます．

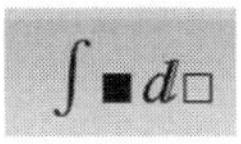

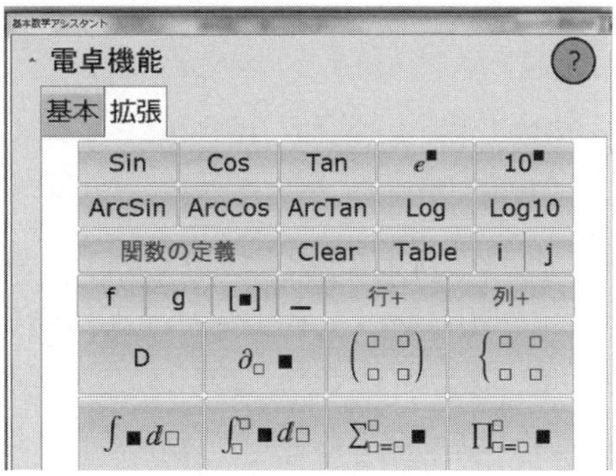

図 7-13

　さらに，Mathematica のすごいところは，普通の電卓と違って，数字の式だけでなく記号式
も扱うことができることです．中学高校時代に頭を悩ませたかもしれない因数分解なども簡単
にできますし，方程式を解くこともできます（課題 2 参照）．

7.6.2　グラフ用紙としての Mathematica

Mathematica でグラフをプロットしてみましょう．三角関数 sin(x)を，x が 0 から 10 の間
でプロットするには

```
Plot[Sin[x],{x,0,10}]
```

と入力します．すると，図 7-14
のようなプロットがノートブ
ックに表示されます．

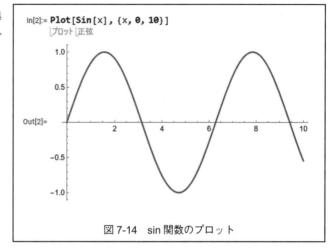

図 7-14　sin 関数のプロット

7.7　Mathematica でプログラミング—素数を求める

7.7.1　エラトステネスの篩（ふるい）

素数を求めるよく知られているアルゴリズムにエラトステネスの篩があります．

これは，次のような方法です．

（1）2 から n までのすべての数を篩にいれる

（2）篩に残っている数の中で，最小のものを選び，とり除く

（3）取り除いた数を "素数" に追加する

（4）この数の倍数をすべて篩からとり除く

（5）篩がからになるまで，ステップ（2）から（4）を繰り返す．

Mathematica でこのアルゴリズムにしたがってプログラムを書いてみましょう．

（1）2 から n までのすべての数を篩にいれる

Mathematica では，数（や文字列，式）のリストを **Table** 関数で，系統的に発生させることができます．今，n として 100 までの素数を求めることを考えると

　　　Table[i,{i,2,100}]

で，2 から 100 までの整数の列が定義できます．これらの整数を篩にいれましょう．この整数のリストに **sieve** という名前をつけることにします．それには

　　　sieve=Table[i,{i,2,100}]

と入力します．Mathematica では，定義した関数（式）に，あとから，名前をつけることもできます．とりあえず計算してみて，あとでこれをまた使いたいと思ったら，その式の前に "name="（name は任意の名前）をつければ，それで OK です．このとき名前は小文字で始まるアルファベットにしておくと，Mathematica が用意している組み込み関数（これらは大文字

で始まります）と重なる心配がありません.

　(2) 篩に残っている数の中で, 最小のものを選び, とり除く

最小の数を求める関数は **Min** なので

　Min[sieve]

で, 一番小さい素数[2]が得られました. とり除く作業は (4) でやることにします.

　(3) 取り除いた数を "素数" に追加する

　(2) で得られた素数「2」を素数リスト **elementary** に追加するには, まず

　elementary={}

として, 空のリスト（集合）**elementary** を定義し, ついで

　Append [elementary,Min[sieve]]

として, 素数「2」を素数の集合に加えます.

　ついで, 新たな素数が加わったリストを新しい **elementary** として定義しなおします.

　elementary=Append[elementary,Min[sieve]]

　ここまでの, 操作の Mathematica のノートブックは, 図 7-15 のようになります. なお, 図 7-15 以後のノートブックの画面では,「**In**」,「**Out**」は省略し, 入力を太字で表記しました.

```
sieve=Table[i,{i,2,100}]

{2,3,4,5,6,7,8,9,10,11,12,13,14,15,16,17,18,19,20,21,22,23,24,25,26
,27,28,29,30,31,32,33,34,35,36,37,38,39,40,41,42,43,44,45,46,47,48,
49,50,51,52,53,54,55,56,57,58,59,60,61,62,63,64,65,66,67,68,69,70,7
1,72,73,74,75,76,77,78,79,80,81,82,83,84,85,86,87,88,89,90,91,92,93
,94,95,96,97,98,99,100}


  elementary={}
  {}


Min[sieve]
  2


  Append[elementary,Min[sieve]]
  {2}
  elementary=Append[elementary,Min[sieve]]
  {2}
```

図 7-15

 (4) この数の倍数をすべて篩からとり除く

　新しく，素数リストに加わった素数，すなわち，素数リスト **elementary** の一番後ろの素数（この場合は，2）を整数倍し，それに一致する数（つまり，偶数）を篩から取り除きます．リストの中の一番最後の要素は **elementary[[-1]]** のように，リスト名の後に **[[-1]]** をつけて指定することができます．篩の中には 100 までの整数がはいっているので，「整数倍」は，100 をこの素数で割った数まで調べればよいはずです（図 7-16）．

```
Flatten[Table[elementary[[-1]]*j,{j,1,100/elementary[[-1]]}]]

{2,4,6,8,10,12,14,16,18,20,22,24,26,28,30,32,34,36,38,40,42,44,46,4
8,50,52,54,56,58,60,62,64,66,68,70,72,74,76,78,80,82,84,86,88,90,92
,94,96,98,100}
```

図 7-16

　なお，図 7-16 では，操作の結果二重に ‖ がつくので "**Flatten**" という関数で ‖ をひとつ外します．

　こうして得られた素数の倍数のリストに **multi** と名をつけましょう．

multi=Flatten[Table[elementary[[-1]]*j,{j,1,100/elementary[[-1]]}]

　最後に，**multi** のリストに含まれる整数を篩から取り除き，これを新しい篩のリストとします．**Complement** という補集合を生成する関数を使うと，簡単に計算できます（図 7-17）．

```
sieve=Complement[sieve,multi]

{3,5,7,9,11,13,15,17,19,21,23,25,27,29,31,33,35,37,39,41,43,45,47,4
9,51,53,55,57,59,61,63,65,67,69,71,73,75,77,79,81,83,85,87,89,91,93
,95,97,99}
```

図 7-17

 (5) 篩がからになるまで，ステップ（2）から（4）を繰り返す

　こうしてできた，新しい **sieve**，**elementary** を使って，評価を繰り返し，**sieve** が空になったときの **elementary** の中身が 100 以下の素数リストになります．

図 7-18 に示したように，一連の評価式をひとつのセルにまとめ，評価を繰り返せば，
elementary の数がふえ，**sieve** が少なくなっていく様子を目で確認することができます．

```
elementary=Append[elementary,Min[sieve]]
multi=Flatten[Table[elementary[[-1]]*j,{j,1,100/elementary[[-1]]}]]
sieve=Complement[sieve,multi]
  {2}
{2,4,6,8,10,12,14,16,18,20,22,24,26,28,30,32,34,36,38,40,42,44,46,48
,50,52,54,56,58,60,62,64,66,68,70,72,74,76,78,80,82,84,86,88,90,92,94,
96,98,100}
{3,5,7,9,11,13,15,17,19,21,23,25,27,29,31,33,35,37,39,41,43,45,47,49
,51,53,55,57,59,61,63,65,67,69,71,73,75,77,79,81,83,85,87,89,91,93,95,
97,99}
elementary=Append[elementary,Min[sieve]]
multi=Flatten[Table[elementary[[-1]]*j,{j,1,100/elementary[[-1]]}]]
sieve=Complement[sieve,multi]

{2,3}
{3,6,9,12,15,18,21,24,27,30,33,36,39,42,45,48,51,54,57,60,63,66,69,7
2,75,78,81,84,87,90,93,96,99}
{5,7,11,13,17,19,23,25,29,31,35,37,41,43,47,49,53,55,59,61,65,67,71,
73,77,79,83,85,89,91,95,97}
elementary=Append[elementary,Min[sieve]]
multi=Flatten[Table[elementary[[-1]]*j,{j,1,100/elementary[[-1]]}]]
sieve=Complement[sieve,multi]
{2,3,5}
{5,10,15,20,25,30,35,40,45,50,55,60,65,70,75,80,85,90,95,100}
{7,11,13,17,19,23,29,31,37,41,43,47,49,53,59,61,67,71,73,77,79,83,89,
91,97}
     :
   （途中略）
     :
                                                    （つづく）
```

図 7-18 （その1）

```
  elementary=Append[elementary,Min[sieve]]
  multi=Flatten[Table[elementary[[-1]]*j,{j,1,100/elementary[[-
1]]}]]
  sieve=Complement[sieve,multi]


  {2,3,5,7,11,13,17,19,23,29,31,37,41,43,47,53,59,61,67,71,73,79,83,
89,97}
  {97}
  {}
```

図7-18　（その2）

<hr>

7.7.2　関数の定義

　このように，Mathematica は計算の過程を逐一観察し，場合によってはデバグを行うことが
とてもやりやすい言語です．定義した関数が正しく，アルゴリズムに問題がないことがわかっ
たら，n までの素数を求めるプログラムに拡張してみましょう．

　まずは，繰り返し計算を一度の評価でおこなってくれるようにプログラムを改良します．

　Mathematica は関数定義型のプログラムなので，すべての手続きを 「関数」にすると便利
です．関数の「引数」は複数でもよく，また，引数に関数が使われていてもかまいません．そ
こで，**sieve** を与える関数 **funcS** と **elementary** を与える **funcE** の二つの関数を定義しま
す．どちらの関数も，引数は *e*（**elementary** の頭文字）と *s*（**sieve** の頭文字）です．

　Mathematica で関数を定義するには，引数のあとに "**_**" をつけ，定義したい関数名のあと
に "**：=**" をつけて右辺に定義関数を記述します（コロン：を忘れないようにしてください）．
sieve の定義関数 **funcS** は3行を一まとめにすると，

```
  funcS[e_,s_]:=Complement[s,Flatten[Table[Part[Append[e,Min[s]],
  -1]*j,{j,1,100/Part[Append[e,Min[s]],-1]}]]]
```

となります．ここで，**Part[リスト,-1]**は，リストの一番最後の要素です．先にでてきた「リ
スト**[[-1]]**」と同じ意味ですが，「リスト」が複雑な場合はこの記述のほうが**[]**の対応がわ
かりやすくなります．**funcE** の方はずっとすっきりしていて，次のようになります．

```
  funcE [e_,s_]:=Append[e,Min[s]]
```

　なおこれらの関数を評価すると，図7-19 のような警告文が表示されることがあります．これ
は，すでに定義した変数（関数）のスペルを間違ってつづった可能性を親切に教えてくれる機
能を Mathematica が備えているためです．今の場合は似たような名前の関数名にわざわざし
ているわけですから，この警告文は無視してください．

```
General::spell1:
    スペル間違いの可能性があります．新規シンボル"funcS"はすでにあるシンボ
ル"funcE"に似ています．>>
```

図7-19

図7-18に示したものと同じ操作を，この新たに定義された関数で記述すると，次のようになります．

    `elementary=funcE[elementary,sieve]`

    `sieve=funcS[elementary,sieve]`

なお，初期設定としての，

  `sieve=Table[i,{i,2,100}], elementary={}`

の部分は，必要なので，全体として，関数を用いた素数を求めるプログラムは，図7-20のようになります．

```
sieve=Table[i,{i,2,100}]
elementary={}


funcE[e_,s_]:=Append[e,Min[s]]
funcS[e_,s_]:=Complement[s,Flatten[Table[Part[Append[e,Min[s]],-
1]*j,{j,1,100/Part[Append[e,Min[s]],-1]}]]]


elementary=funcE[elementary,sieve]
sieve=funcS[elementary,sieve]
```

図7-20

7.7.3　繰り返し評価

次に「繰り返し評価」する操作を，**While**関数を使って記述します．**While**関数は，ある条件が成り立っている間，所定の処理を繰り返し行うという機能をもった関数です．一般的な記述と定義は図7-21にあるとおりです．

素数を求めるプログラムにおいて ***test*** としては，篩 **sieve** が空になるまで繰り返し計算を行えばいいので，条件は

    「**sieve** が空でないこと，すなわち **sieve≠{}**」

です．

body が実際の計算式ですが，ここでは，**elementary** と **sieve** の値をこの順番に計算する

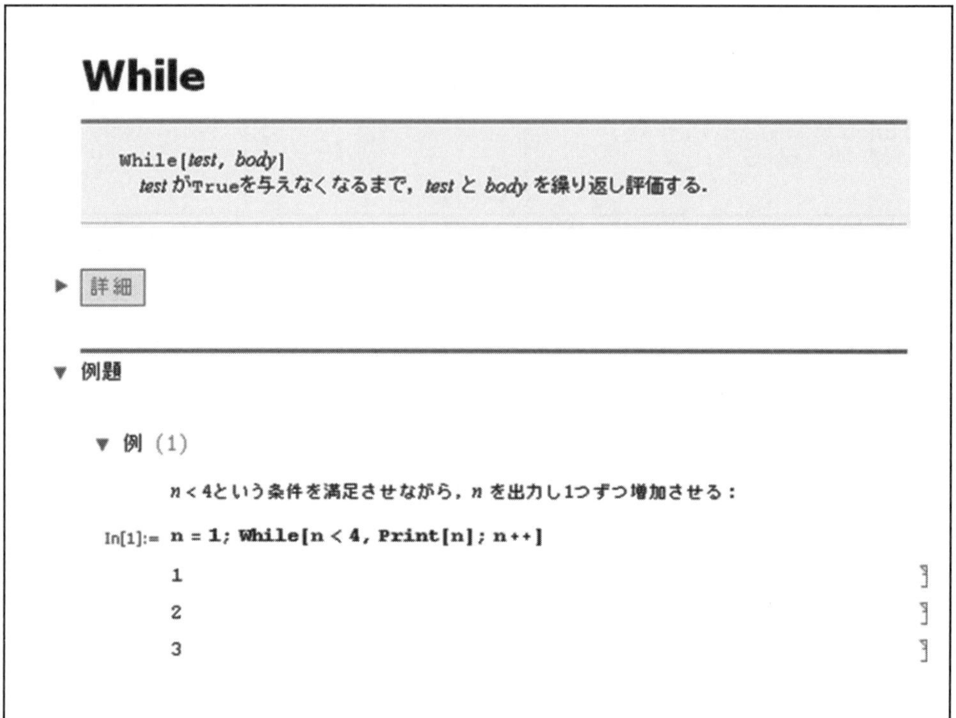

While

While[*test, body*]
　test がTrueを与えなくなるまで, *test* と *body* を繰り返し評価する.

▶ 詳細

▼ 例題

　▼ 例 (1)

　　　$n < 4$という条件を満足させながら, n を出力し1つずつ増加させる:

In[1]:= `n = 1; While[n < 4, Print[n]; n++]`

　　1
　　2
　　3

図 7-21

ことが必要です. そのような場合, Mathematica では**複合式**という形式を用います.

　複合式とは, 計算を進める上で, 複数のステップを踏んで処理をしたいとき, 各ステップの処理を別々の入力行 (セル) を使って行うかわりに, いくつかのステップを単一行にまとめて行うものです. そうした場合, 式のステップごとにセミコロン (；) で分けます. 今回は, elementary と sieve を求める式を "；" でまとめることにします. すると, While 関数の中身は

```
While[sieve≠{}, {elementary = funcE [elementary, sieve];
sieve = funcS [elementary, sieve]}]
```

となります.

　以上の関数を用いて素数を求めるプログラムを作ると, 図 7-22 のようになります. なお, 図 7-22 ではプログラムのそれぞれの部分の役割を [] をつけて説明してあります.

```
[初期設定部分]
  sieve=Table[i,{i,2,100}]
  elementary={}
[関数を定義する部分]
  funcE[e_,s_]:=Append[e,Min[s]]
  funcS[e_,s_]:=Complement[s,Flatten[Table[Part[Append[e,Min[s]],
  -1]*j,{j,1,100/Part[Append[e,Min[s]],-1]}]]]
[While文による繰り返し評価部分]
  While[sieve≠{},{elementary= funcE [elementary,sieve];
  sieve= funcS [elementary,sieve]}]
[結果表示部分（と結果）]
  Print[sieve]
  {}
  Print[elementary]
  {2,3,5,7,11,13,17,19,23,29,31,37,41,43,47,53,59,61,67,71,73,79,
  83,89,97}
```

図 7-22

7.7.4 n までの素数を求めるプログラムに拡張

さらに問題を一般化し，n までの素数を求めるプログラムを作ってみましょう．

n へ適当な整数を代入します．例えば，1000 までを求めるならば

```
  n=1000
```

と最初に定義します．sieve は n の関数で

```
  sieve=Table[i,{i,2,n}]
```

```
  {2,3,4,5,6,7,8,9,10,・・・・ 999,1000}
```

です．これを図 7-22 の最初の行と見くらべてください．

funcS の定義はほとんど同じですが，

```
  100/Part[Append[e,Min[s]],-1]
```

のかわりに

```
  n/Part[Append[e,Min[s]],-1]
```

となります．

図 7-23 に 1000 までの素数を求めるプログラムを示しました．

```
[初期設定部分]
 n=1000
 sieve=Table[i,{i,2,n}]
 elementary={}
[関数を定義する部分]
 funcE[e_,s_]:=Append[e,Min[s]]
 funcS[e_,s_]:=Complement[s,Flatten[Table[Part[Append[e,Min[s]],
 -1]*j,{j,1,n/Part[Append[e,Min[s]],-1]}]]]
  [While文による繰り返し評価部分]
 While[sieve≠{},{elementary=funcE[elementary,sieve];
 sieve=funcS[elementary,sieve]}]
[結果表示部分と結果]
 Print[elementary]
 {2,3,5,7,11,13,17,19,23,29,31,37,41,43,47,53,59,61,67,71,73,79,
 83,89,97,101,…………………,877,881,883,887,907,911,919,929,937,941,947,
 953,967,971,977,983,991,997}
```

図 7-23

7.7.5　組み込み関数の利用

　Mathematica で，素数を求めるプログラムには，もっと簡単な方法もあります．もっとも簡単なのは，素数を求める関数 "**Prime**" を用いることでしょう．

　最初の 20 個の素数は

　　Table[Prime[l],{l,20}]

で得ることができます．**Timing** 関数を使うと実行速度が表示されます（例えば，10 万個の素数を求めるには

　　Timing[Table[Prime[k],{k,100000}];]

とします．なお，ここで，最後のセミコロン "；" は，10 万個の素数を実際に表示させないためにつけくわえられています．詳しい説明はドキュメントセンターあるいはチュートリアルで「長い式の表示制御」のところを見てください．

　みなさんも，ここに掲げた方法以外の素数を求めるアルゴリズムを考案し，Mathematica の **Prime** 関数と速さを比較してみてください．Mathematica プログラムへの興味と理解が深まると思います．また，新しく関数を定義する前に Mathematica の組み込み関数で同じことができないか，調べてみるといいかもしれません．

7.8　Mathematica の学習リソースの使い方

　時間があれば，この教科書を読むよりはバーチャルブックを読むほうが，Mathematica について，広く・深く学ぶことができます．また，調べたいことのキーワードがわかっている場合はドキュメントセンターが便利でしょう．

　Mathematica で何ができるのかを知りたい場合は，学習リソースを活用しましょう．図 7-10 の画面（表示させたいときは，「ヘルプ」→「ウエルカムスクリーン」）の下部，一番右のアイコンから「リソース」に行くことができます．このアイコンをクリックするとブラウザが起動し「Mathematica リソース」に接続します．ビデオもありますが英語での説明になるので，「WolframWeb サイト」で情報を探した方がいいかもしれません．WolframWeb サイトへは，メニューバーの「ヘルプ」の五番目から行くこともできます．

　やりたいことがわかっているときや関数の意味を知りたいときにはドキュメントセンターが便利です．ドキュメントセンターへの入り口は，図 7-10 の画面のアイコンの一番左になります．メニューバーの「ヘルプ」の一番上「Wolfram ドキュメント」からでもいくことができます．

7.9　Mathematica の例題

　Mathematica の例題からいくつかを紹介します．

課題 1. `Prime` 関数を用いて，1000 以下の素数をリストアップするプログラムを作ってみよう．　　　　　　　　（答え　`n=1;While[Prime[n]<1000,Print[Prime[n]];n++]`）

課題 2. 任意の二次方程式をつくり，その解を Mathematica を使って求めよう．また答えを厳密数（ルートを含む形）と近似数（解を小数で表す）であらわしてみよう．

課題 3. 次の関数のプロットを行おう．

　　`sin x + cos(3x)`　を，x が $0 \sim 2\pi$ の範囲でプロットする．

さ く い ん

著者一覧

塩田真吾　　（教育学部・准教授）

戸田三津夫　（工学部・准教授）

立蔵洋介　　（工学部・准教授）

早川邦夫　　（工学部・教授）

宮原高志　　（工学部・教授）

伊東暁人　　（人文社会科学部・教授）

石原顕紀　　（理学部・准教授）

須藤　智　　（大学教育センター・准教授）

小西達裕　　（情報学部・教授）

弓削達郎　　（理学部・准教授）

河合信之輔　（理学部・准教授）

関根理香　　（理学部・教授）

Let's Enjoy Computing
―情報処理・データサイエンス演習―

2021 年 4 月 1 日	第 1 版　第 1 刷　発行
2023 年 4 月 1 日	第 1 版　第 3 刷　発行
2024 年 3 月 20 日	第 2 版　第 1 刷　印刷
2024 年 4 月 1 日	第 2 版　第 1 刷　発行

編　　者　静岡大学・大学教育センター
　　　　　情報科目部運営委員会

発行者　発　田　和　子

発行所　株式会社 学術図書出版社
　　〒113−0033　東京都文京区本郷 5 丁目 4−6
　　TEL03−3811−0889　振替 00110−4−28454
　　　　　　　　　　　　印刷　三和印刷（株）

定価はカバーに表示してあります.

©2021, 2024　Printed in Japan
ISBN978-4-7806-1227-1